U0918203

国家社科基金重点项目“社会主义价值与社会主义核心价值体系的内在关联研究”（项目批准号：12AKS005）阶段性研究成果

兰州大学中央高校基本科研业务费专项资金项目“社会主义核心价值体系与文化软实力发展研究”（项目批准号：11LZUJBWZJ002）阶段性研究成果

社会主义核心价值体系通俗系列读本之五

丛书主编 / 王学俭

弘扬时代主旋律

——改革创新为核心的时代精神

丁志刚 主编

（修订版）

兰州大学出版社

图书在版编目(CIP)数据

弘扬时代主旋律:改革创新为核心的时代精神/丁志刚主编.—兰州:兰州大学出版社,2012.9
(社会主义核心价值体系通俗系列读本/王学俭主编)
ISBN 978-7-311-03967-7

Ⅰ.①弘… Ⅱ.①丁… Ⅲ.①思想政治教育—中国—通俗读物 Ⅳ.①D64-49

中国版本图书馆 CIP 数据核字(2012)第 220385 号

责任编辑 陈红升 王淑燕
封面设计 管军伟

书　　名 弘扬时代主旋律
　　　　——改革创新为核心的时代精神(修订版)
作　　者 丁志刚 主编
出版发行 兰州大学出版社 (地址:兰州市天水南路 222 号 730000)
电　　话 0931-8912613(总编办公室) 0931-8617156(营销中心)
　　　　0931-8914298(读者服务部)
网　　址 http://www.onbook.com.cn
电子信箱 press@lzu.edu.cn
印　　刷 兰州德辉印刷有限责任公司
开　　本 710 mm×1020 mm 1/16
印　　张 8.5
字　　数 130 千
版　　次 2013 年 6 月第 2 版
印　　次 2013 年 6 月第 1 次印刷
书　　号 ISBN 978-7-311-03967-7
定　　价 18.00 元

总　序

建设社会主义核心价值体系，是党顺应世情、国情、党情新变化，深刻把握社会主义意识形态建设规律和时代发展要求，坚持中国特色社会主义文化发展道路，提升社会主义思想文化软实力，发展社会主义先进文化，努力建设社会主义文化强国的重大举措。当前我们正处在一个大发展大变革大调整的时代，国际国内形势的深刻变化使我国意识形态领域面临着空前复杂的情况。从国际来看，经济全球化趋势深入发展，各种思想文化相互激荡，不同文明之间的交流交融交锋更加频繁，文化软实力在综合国力竞争中的地位和作用更加凸显，维护国家文化安全的任务更加艰巨，增强国家文化软实力、中华文化国际影响力的要求更加紧迫。从国内来看，我国已经进入了全面建设小康社会的关键时期和深化改革开放、加快转变经济发展方式的攻坚时期，经济社会发展呈现许多新的阶段性特征。社会生活日趋多样化，社会意识更加多元化，在社会思想空前活跃、主流积极健康向上的同时，一些错误的、消极的、颓废的思想意识也有所滋长。文化越来越成为民族凝聚力和创造力的重要源泉、越来越成为综合国力竞争的重要因素、越来越成为经济社会发展的重要支撑，丰富精神文化生活越来越成为我国人民的热切愿望。

面对经济体制深刻变革、社会结构深刻变动、利益格局深刻调整、思想观念深刻变化的新局面，面对思想领域不断发生变化、文化领域不断增长要求的新形势，党始终站在社会主义意识形态安全和社会主义国家文化软实力建设的高度，密切重视社会主义核心价值体系建设。党的十六届六中全会第一次明确提出了“社会主义核心价值体系”这一科学概念和“建设社会主义核心价值体系”这一重大命题，并对社会主义核心价值体系的基本内容做出了明确界定,强调"社会主义核心价值体系是建设和谐文化的根本"。党的十七大报告把建设社会主义核心价值体系、增强社会主义意识形态的吸引力和凝聚力,当做推动社会主义文化大发展大繁荣的首要任务,鲜明地提出"社会主义核心价值体系是社会主义意识形态的本质体现"。党的十七届六中全会在《中共中央关于深化文化体制改革、推动社会主义文化大发展大繁荣若干重大问题的决定》(以下简称《决定》)中,把建设社会主义核心价值体系规定为社会主义文化建设的根本任务,强调"社会主义核心价值体系是兴国之魂,是社会主义先进文化的精髓,决定着中国特色社会主义发展方向",要"坚持用社会主义核心价值体系引领社会思潮,在全党全社会形成统一指导思想、共同理想信念、强大精神力量、基本道德规范"。自党的十六届六中全会首次提出"建设社会主义核心价值体系"这一重大战略任务以来,社会主义核心价值体系作为理论热点引起了持续的关注和热烈的讨论。党的十八大报告再一次强调要深入开展社会主义核心价值体系学习教育,用社会主义核心价值体系引领社会思潮、凝聚社会共识。党的十八大报告还提出倡导富强、民主、文明、和谐,倡导自由、平等、公正、法治,倡导爱国、敬业、诚信、友善,积极培育和践行社会主义核心价值观。

建设全面发展、全面进步的社会主义和谐社会,必须在不断发展和完善社会主义经济、政治、文化、社会及生态文明等五个制度建设的同时,积极探索社会主义在精神和价值层面的本质规定性。构建科学完备的社会主义核心价值体系,是社会主义是否追求完善、是否趋于成熟的一个重要标志;推进社会主义核心价值体系建设,是社会主义是否与时俱进、是否不断发展的一个衡量依据;促进全党和全国各族人民深入学习和贯彻社会主义核心价值体系,更是社会主义是否获得认同、是否凝聚力量的一个评判标准。物质贫乏不是社会主义,精神空虚也不是社会主义。没有社会主义文化的大发展大繁荣,就没有社会主义现代化。没有社会主义的核心价值观建设,也不能建设成真正的社会主义。

社会主义核心价值体系建设问题,是一项非常复杂的系统工程,其最终落脚点应该是全体社会成员对社会主义核心价值体系的深入学习和深刻践行。如何更加紧密联系实际、联系群众、联系生活,推动社会主义核心价值体系的普及教育,推进社会主义核心价值体系的大众化和市场化,是哲学社会科学工作者必须承担的作为促进社会主义文化大发展大繁荣的重要任务,也是文化产品创作发展的最主要领域之一。我们要把社会主义核心价值体系融入思想教育活动之中、融入舆论宣传活动之中、融入精神文化生活之中、融入文化产品消费过程之中，创新教育方法、改进引导方式，切实做到因势利导、潜移默化、春风化雨、注重实效。

《社会主义核心价值体系通俗系列读本》正是基于上述历史背景和现实需要，从传播社会主义核心价值体系的角度出发，在贯彻落实党和国家政策方针的基础上，试图用平易朴实、深入浅出的语言，生动活泼、内容多样的形式编写的一套人民群众看得懂、听得进、学得会的社会主义核心价值体系普及教育读本，在更广阔的领域、更广泛的群体，深入推进社会主义核心价值体系建设。将理论界对社会主义核心价值体系的研究成果推向普通人民群众，以理论通俗读物的形式，进一步完善社会主义核心价值体系的传播模式，有效提升社会主义核心价值体系的传播程度。

丛书共六本，由兰州大学马克思主义学院六位教授博士生导师负责编写。第一本《凝心聚力兴国魂——社会主义核心价值体系》由王学俭教授负责，试图从社会主义核心价值体系建设的历史背景、深刻内涵、建设路径等角度出发，深入浅出地阐述和讲解社会主义核心价值体系建设的主要内容，力求阐明：为什么建设社会主义核心价值体系，什么是社会主义核心价值体系，怎样建设社会主义核心价值体系。第二本《科学真理指航程——马克思主义指导地位》由王维平教授负责，试图从理论阐述、实践印证、历史回溯、未来展望四个维度，阐述马克思主义作为中国共产党的指导思想，在整个社会主义核心价值体系中的基石和灵魂作用，力求阐明：什么是马克思主义和中国化的马克思主义，为什么要选择、坚持和发展马克思主义和中国化的马克思主义，怎样坚持和发展马克思主义和中国化的马克思主义。第三本《高举旗帜不动摇——中国特色社会主义共同理想》由刘先春教授负责，试图从历史梳理、实践验证、具体措施等角度出发，围绕什么是中国特色社会主义共同理想、为什么坚持中国特色社会主义共同理想、怎样坚持中国特色社会主义共同理想，深刻阐述坚持中国特色社会主义共同理想的重要性、必要性和可行性。第四本《万里长城永不倒——爱国主义为核心的民族精神》由张新平教授负责，试图围绕民族精神的渊源、内涵、作用、培育、弘扬和践行等方面，科学回答了什么是民族精神，为什么要弘扬以爱国主义为核心的民族精神和怎样践行和弘扬民族精神等问题。第五本《弘扬时代主旋律——改革创新为核心的时代精神》由丁志刚教授负责，试图从时代精神的形成背景出发，具体阐述时代精神的价值内涵和辉煌成就，通过对时代精神典范的生动描述，探讨弘扬时代精神的具体措施，有效地回答了什么是时代精神，为什么要弘扬以改革创新为核心的时代精神和怎样践行和弘扬时代精神等问题。第六本《知荣明耻树新风——社会主义荣辱观》由马云志教授负责，试图从社会主义荣辱观的八荣八耻的主要内容入手，按照是什么、为什么、怎么办的逻辑思路，坚持理论阐述和事例分析相结合，生动形象、科学有力地阐释和讲解了树立和践行社会主义荣辱观的时代要求、现实意义和实施路径。

本套丛书是主编王学俭教授主持的2012年国家社科基金重点项目“社会主义价值与社会主义核心价值体系的内在关联研究”(项目批准号:12AKS005)和中央高校基本科研业务费专项资金项目“社会主义核心价值体系与文化软实力发展研究”(项目批准号:11LZUJBWZJ002)的阶段性成果。在如何传播和弘扬社会主义核心价值体系，推进社会主义核心价值体系建设方面，项目组积极借鉴传播学、政治传播学、政治营销学、社会心理学等学科的相关理论和方法，考察当前社会主义核心价值体系的传播生态及认同瓶颈，探索社会主义核心价值体系传播的主体素质、受众心理、形态内容、语言符号、媒介工具、机制模式及效果评估，力图建构社会主义核心价值体系传播及营销系统，为社会主义核心价值体系的大众化、生活化、通俗化、国际化提供合理的理论架构和实践指引。编写《社会主义核心价值体系通俗系列读本》，实现社会主义核心价值体系传播的大众化、市场化，正是项目组进行的有益探索和积极尝试。

推进社会主义核心价值体系建设，关键在强化教育引导、增进社会共识、创新方式方法、健全制度保障，其核心是推进社会主义核心价值体系传播的大众化、市场化和产业化。本丛书从设计理念到具体结构、从组织策划到内容编写，都是对社会主义核心价值体系传播和普及教育的一次创新，有利于切实推进社会主义核心价值体系的建设步伐。本丛书既可以作为面向人民群众宣传普及社会主义核心价值体系的大众化教育读本，又可以作为面向基层党政干部学习和践行社会主义核心价值体系的理论通俗读物，还可以作为面向理论研究者深入学习和研究社会主义核心价值体系建设的辅助性材料。

丛书编委会
2012年11月15日

目 录

开启新时代
——时代精神的形成背景

改革开放是决定当代中国命运的关键抉择，也是13亿中国人民的共同抉择。

——胡锦涛

伟大的时代铸就伟大的时代精神。党的十一届三中全会开启了中国改革开放的大门，从此，中国走进了改革开放的新时代。经过三十多年的发展，中国的面貌发生了翻天覆地的变化。勤劳勇敢的中国人，在中华大地上努力拼搏，人民生活水平不断提高，综合国力不断增强。全世界的人们都在惊叹中国奇迹。在这短短三十多年的巨变中，改革开放、开拓创新、与时俱进、求真务实、奋勇争先成为时代乐章，深深地融入中国经济、政治、文化、社会建设的各个方面，成为各族人民不断开创中国特色社会主义事业新局面的强大精神力量。

然而，这一伟大时代及其时代精神的产生背景多少有些悲壮色彩。历史发展的必然性并不意味着历史发展就是一帆风顺的，其间的苦闷、沉默、向往、感叹、奋进、挣扎，构成历史演进中的一个个真实画面。

球籍的纠结

关于球籍的讨论

说起球籍的话题,不少人特别是球迷朋友可能会在头脑中闪现出绿茵场上的运动景象。但我们所要说的却不是一般人理解的球籍,而是一个国家在地球上的球籍,是指在世界舞台上一个国家、一个民族是否具有在地球上生存的资格。在充满竞争的世界舞台上,一个国家、一个民族如果长期落后于世界其他国家、其他民族,这个国家、这个民族就会没有地位,没有发言权,其命运就被其他国家、其他民族所主宰,它也就有失去球籍的危险。

以翻译《天演论》而著名,主张"物竞天择,适者生存"的学者严复在面对中国"数千年未有之变局"与"数千年未有之强敌"的悲惨境地而感慨道:中国弄不好,有一天会被开除球籍。这就不仅仅是"华夷之辨"的崩溃那么简单了,而是整个民族地位、民族存亡的问题,可以想象那种危机感是何其强烈!

中国人讨论球籍问题,是与近代以来国运的急剧下降、强烈的忧患意识、实现民族振兴的历史使命相联系的。

在中国,对于球籍最热烈的讨论是在 1989 年,也就是中国改革开放进行了十年的时候。经过 10 年改革开放的闯荡之后,整个社会与经济的发展迹象初步显现,人们觉得中国成为地球"荣誉公民"的可能性确实存在。该问题提出后,各阶层读者、各领域研究者、大陆、台湾、港澳及国外华人学者踊跃发言,国运成为大家热议的话题。《球籍:一个世纪性的选择》一书,就是当时广泛讨论的一个结集。

为什么讨论球籍

回忆百余年的历史,中国人都有不同程度的球籍纠结。为什么在20世纪 80 年代末,球籍的问题会引起热议呢?或者说,我们为什么会担心球籍的问题?实际上,这一次关于球籍的热议,是我们对改革开放政策的一种积极回应。

回溯当时的历史时刻,我们虽然从"文化大革命"运动中走了出来,但是随着社会的不断发展,当时的问题已经暴露出来了。邓小平有句话是这样说的:"文化大革命"期间,"四人帮"当权横行,人民心情沉闷,甚至可以说是在忧虑之中,整个社会处于停滞状态。"文化大革命"结束以后,还有两年徘徊。这两年的徘徊也是人们不断思考与探索的时期。

我们是社会主义国家,社会主义与资本主义相比具有无比的优越性,但我们的优越性体现在哪里呢?当时中国的经济已经处于崩溃的边缘,国家财政赤字严重,1978 年国民生产总值比 1965 年有所增长,但技术落后,人民依然贫穷,很多地区连基本的温饱问题都没有解决。

在这样的背景下,改革开放不可避免地成为历史的选择、人民的选择、时代的选择。我们如果继续按照那种传统体制走下去,就会被时代所抛弃,被先进的时代精神所抛弃,离先进时代的特质越来越远,甚至走进死胡同,走上不归路。用历史和世界的眼光来看,改革开放的启动是当时历史的抉择,是决定当代中国命运的关键一步,也是保住中国"球籍"的关键。

现代化的梦想

现代化是什么

现代化是人类社会发展的必然趋势,现代化是与传统相对应的一种世界历史发展进程。从表面上看,现代化是从传统农业向现代工业的转变,实际上,它内涵丰富、领域广泛。但无论如何,现代化的实现与经济的飞速发展、政治体制的合理与完善、文明的提升与普及不无联系。不断向现代化的方向推进是不可逆转的,也是世界各国、各地区的现实选择与努力方向。中华民族有博大的胸怀、高远的志向以及悠久的历史,当然也有不断进行改革的动力和不断创新的能力来实现国家、社会、民族现代化的梦想。虽然,中国在历史上由于政治体制、文化保守等原因,有被殖民、被侵略的经历,但中华民族作为一个集体,改革创新的动力始终没有间断,实现现代化的梦想从来没有停顿。

我们的现代化

回顾一个世纪以来的历史，中国几代人的努力是为了民族独立,国家富强,人民幸福,是为了走上现代化之路,实现现代化的梦想。从中国现代化被动开启的清末洋务运动到孙中山对中国现代化道路的苦苦追求,再到毛泽东实践中国现代化的沧桑之道。这一切都是先辈们肩负历史使命的努力与求索。然而,我们不得不承认,前两者均以失败告终,后者则存在失误,严重阻碍了现代化的实现。经济上忽视经济规律,盲目追求高速度,推崇“赶超战略”;政治方面,热衷于大搞群众运动,阶级斗争扩大化破坏了秩序的稳定。思想上则僵化保守,不能以开放的心态处理问题,不能创新,不敢创新。而且,这些都以强大的历史惯性影响到中国道路的选择。

面对历史上的艰辛探索,面对现实中的百废待举,人们禁不住要思考:到底中国能不能实现现代化?怎样实现现代化?答案是肯定的,我们一定能实现现代化,而且前提只有一个,那就是实行改革。

现代化是世界与历史的进程,与世界的现代化步伐与现代化程度相比,由于近代的屈辱与内乱,我们已经输在了起跑线上。不切合现实的“大跃进”“浮夸风”以及随后的“文化大革命”又延误了良机,而遗留下来的体制弊端已经束缚了经济发展,更严重制约了现代化的进程。所以说,只有改革才能实现我们的现代化梦想,只有深化改革,不断创新,才能打通现代化前进的道路。

现代化与改革

当然,现代化是一个整体战略,而不是单线突进,它包括了经济、政治、社会、科教文卫等方面,而它们又不是彼此孤立的,而是相互联系、相互影响。其中最重要和基础的是经济的现代化,也就是要大力发展生产力。“贫穷不是社会主义”,正是因为贫穷不是社会主义,我们搞社会主义现代化建设首先要大力发展生产力,解放生产力,提倡开拓创新,实行改革开放便成为必然的选择。

1978 年 11 月的中央工作会议上，一位老人在三张白纸上写下了后来影响中国进程的 400 多字的发言提纲,其中写道:“一个党、一个国家、一个民族，如果一切从本本出发，思想僵化、迷信盛行，那它就不能前进，它的生机就停止了，就要亡党亡国，如果现在再不实行改革，我们的现代化事业和社会主义事业就会被葬送。”这位老人就是邓小平，他的讲话材料“解放思想、实事求是，团结一致向前看”实际上就是随后召开的十一届三中全会的报告主题，而解放思想、实事求是则贯穿了后来中国改革开放、现代化建设的整个进程。

为了实现现代化，要大力提高生产力，解放和发展生产力。提高生产力、解放和发展生产力并不是随心所欲的，生产力的发展也受到各种因素的制约。解放和发展生产力也就必然要求多方面改变同生产力发展不相适应的各种体制与政策，改变一切不适应的管理方式、活动方式和思想方式，需要在政治、社会、思想各个领域进行相应的变革。这时候就需要一场深刻的、广泛的、彻底的革命，向旧体制宣战，这就是全面的改革。

以十一届三中全会为起点，中国进入了改革开放和现代化建设的历史新时期。1979 年，中国农民以特有的首创精神奏响了改革的序曲。安徽和四川等一些农村开始试行家庭联产承包责任制。城市经济体制也摒弃了权力过分集中的模式，开始生产与经营的放权。同一年，深圳、珠海等 4 个经济特区开始筹建，打开了中国对外开放实践的窗口，为我们的现代化建设提供了资金支持与管理经验。中国改革的开启是当代最正确的抉择、最鲜明的特征，也是推动中国现代化最足的动力。毫不夸张地说，改革是打开中国现代化入门的钥匙。

改革就是革除传统的体制、做法、思想，调整、改变与时代发展不相适应的制度、政策。开放就是打开国门，接受外来新鲜的空气，吸收外来先进的管理模式、技术特长，为我所用，促己发展。三十多年的理论与现实，思考与实践都已经向我们昭示：改革开放本质上就是要求我们脱离传统，迈向现代化。

回看历史，我们现代化的梦想虽然曲折多难，但中华民族追求现代化的意志却从未消失，对时代的认识不断更新，对时代精神的把握也逐渐清晰。特别是中国共产党成立后，领导中华民族建设国家，实行改革开放，不断改革创新。在世界现代化的舞台上，坐井观天夜郎自大不是实事求是，知彼知己百战不殆方能振兴民族。我们党带领人民进行改革开放，就是时代精神的体现，目的就是要解放和发展社会生产力，实现国家现代化，让中国人民富裕起来，振兴伟大的中华民族。而现代化的实现必然要求开启改革，只有进行改革才能步入现代化的康庄大道。

外面的世界很精彩

世界是发展的，任何一个时代都在不断更新，变化了的世界局势会形成与之相应的时代主题与时代精神。所以说，真正地睁开眼睛观察世界，并进一步对外面世界发展趋势的洞察对于把握时代特征有着至关重要的作用。对于一个国家来说，把握时代主题与时代精神的特质，以宽广的视角认识世界，以对比的心态认识自身，在互动中完善自己才是国家强大、民族振兴的沧桑正道。一个国家只有把自己融入整个世界，与外面的世界进行不断地交流、交往、交融，才能吸收多样的营养，才能在时代精神的引领下走向现代化，走向未来。

主题在转换：从战争与革命到和平与发展

我们对时代的认识，即当前我们人类社会所处历史阶段的认识，是最高层次的战略判断，是我们制定内外方针、政策的基本出发点之一。

时代的主题是随着世界的局势发生变化的。

20世纪的上半期，枪声与炮火响彻始终，是帝国主义与无产阶级斗争的时代，由于这个阶段的时代主题是战争与革命，所以通常被称为“革命与战争”时代。

而20世纪的下半期，则明显地发生了变化，其时代特征是和平与发展。也就说，战争并不是解决世界各国之间矛盾的唯一办法，坐到谈判桌前，通过和平的方式来解决才是时代的需要。这是人们对战争厌恶的表现，也是人们心中追求和平的企盼。同时，每一个国家都面临发展的重任，特别是发展中国家，其发展的需求更为迫切，更为紧要。外面的世界在变，我们要准确而灵活地去认识它，并作出相应的政策调整。

和平与发展的大趋势已经形成。“战争是可以避免的”，“维护和平是有希望的”，这就是和平时期，也是我们进行发展的难得的机遇。

至于发展，邓小平讲的更明确，“发展才是硬道理”，特别是经济的发展，只有我们自身发展了，才能真正地保护我们自己，也就能够维护当前的和平环境。所以说,和平是发展的前提,发展是和平的基础,二者密不可分。

可见,和平与发展的世界局势为我们进行改革开放提供了良好的环境,而对和平与发展的时代主题的确认,是我们时代精神形成的前提。

世界在"变小":"地球村"的形成

随着世界相对和平时期的到来,国家与国家之间的交流更加紧密,国界也变得越来越模糊。随着国家与国家之间交流的增多,整个地球似乎正在变成一个村落,也就是我们所说的"地球村"。

在这样一个"地球村"的时代,商品、劳动力、资本的流动性也已经超出了国家、国籍的界限。全球正在变成一个大市场。哪里成本最低,就在哪里生产,根本不考虑国界的问题。

"舞台"上的精彩:先行者的启示

外面精彩的世界能够给我们时代精神的启迪,也能给我们激励。

当我们身处困境时,外面的世界却已经精彩起来了。西方国家在 20 世纪 70 年代保持了强劲的发展势头。经济发展大幅加速,科学技术日新月异,人民生活水平普遍提高。商品、资金等广泛而自由地流动,市场经济体制逐渐完善。

随着科学技术的发展,美国农业、工业的现代化水平逐步提高。欧洲地区也紧跟其后,特别是"欧共体"(也就是现在的欧盟)组建并起步后,各成员国之间的开放程度进一步加大。随着制度的完善,这种管理经验的效应开始显现,极大地促进了经济、文化、商贸的发展。

不但如此,就连同处一大洲的东亚、东南亚国家或地区也迈开了改革与开放的步子,逐渐发展起来。"亚洲四小龙"就是生动而典型的例子,它们成功的经验和成长的经历对我们的刺激更加直接。这四个国家和地区的共同特征是面积狭小,资源非常匮乏,缺少资金、技术、经营管理人才以及和市场的联系。那么,它们是怎样发展起来呢?究其原因,就是深谙经济发展的道理,将改革与开放并举。

由政府所主导的各项改革最先启动,特别是对经济发展至关重要的体制与机制的建设,像长期稳定的关税,完善的法制,严格保护知识产权,简化投资手续,政府高效、廉洁运作等。当然也有基础建设、教育等重要方面的大力支持。另外就是秉持市场经济的理念,贯穿和实行了市场经济运行管理模式及理念。还有就是着眼于长远的竞争,推行经济结构调整,增加了对知识密集型产业的投资引导。最后是对外开放政策的实施使产业结构调整都是以世界为市场,以国际化需求为前提,超前研究和决策,凭借自身优势创造出了新的优势,每一次调整都保持了世界市场竞争中的领先地位。

穷则变、变则通

任何精神产品都来自生产。时代精神的形成并不是来自于空中楼阁,而是基于历史的现实,基于在特定时代人们所面临的现实生存状况的思考与探索。特别是当面临的是困境,这种现状会更加刺激智者以及群众的变通精神与改革意识。随着探索与试验的开展,人们对时代精神的认识也会逐渐清晰化、明确化,这反过来又给予现实实践中的改革与创新以鲜明的思想指导和方向指针。

"穷":痛苦的追忆

时代前进到20世纪70年代末期,当时穷困的现实使人们不停地思索该怎么办,而答案只有一个:变。如果不变,问题得不到解决,人们生存的希望就会荡然无存。

虽然刚刚结束"文化大革命",人们都在欢庆"四人帮"的倒台,但人们的生活状况并没有根本改观。穷与落后是当时人们生存状态的写照。中国已经远远地被抛在世界发展队伍的后面,外面精彩的世界让人们羡慕不已,而我们却仍然在起跑线上徘徊。

经济发展落后、停滞,生活没有保障。工业生产落后与市场的萧条,使人民生活水平很低。人们还被"两个凡是"保守的思想所禁锢、所束缚,生活在苦闷、哀叹之中。

“变”：必然的选择

“这场革命既要大幅度地改变目前落后的生产力，就必然要多方面地改变生产关系，改变上层建筑，改变工农业企业的管理方式和国家对工农业企业的管理方式，使之适应于现代化大经济的需要。……各个经济战线不仅需要进行技术上的重大改革，而且需要进行制度上、组织上的重大改革，进行这些改革，是全国人民的长远利益所在，否则，我们不能摆脱目前生产技术和生产管理的落后状态。”

——邓小平在中国工会第九次全国代表大会上的致词

穷则变、变则通，这确实是至理。面对当时的困境，从中央到地方，从高层到基层，从干部到群众，都认为变是必然。

思想是决定人们行动的重要因素，变，首先也就要从思想上开始。只有人们从思想上发生根本的变化，这种变化才能在行动中得到切实的体现。

这种思想的转变是从中央开始的，针对“两个凡是”的提出，邓小平以高超的政治勇气与政治艺术，实现了具有针对性的超越。从他给中央的一封信中，人们总结出是用“准确的完整的毛泽东思想”来抵制“两个凡是”的思想。

接着发生的真理标准大讨论，使人们彻底挣脱了“两个凡是”的枷锁，人们更加坚信新的时代精神将要到来。随着十一届三中全会的召开，邓小平提出的“解放思想，实事求是，团结一致向前看”的指导思想得到了全党、全国人民的拥护。特别是在党和国家的工作重心开始实现战略转移的同时，我国的社会主义事业开始了从“以阶级斗争为纲”到以发展生产力为中心的转变，这就大大促进了全国人民的生产斗志与精神动力。

思想上的解放会使改革的理念在大家的心目中形成共识，会使群众真正认识到改革的必要性，从而坚定改革的信心与决心。

中国这场最伟大变革的真正开端，是在一个偏僻的小村子开始的。

安徽省凤阳县小岗生产队的一间破草屋里的大包干契约,被认为是中国农村改革的“第一枪”。从此以“家庭联产承包责任制”命名的中国农村改革迅速推向全国,给中国农村带来了影响深远的变化。这也可以说是改革创新精神的楷模,是时代精神形成的助推力。

地方的变化引起了中央的高度关注,并且认识到这个做法应该得到国家的支持。1982 年 1 月 1 日,中共中央发出第一个关于农村工作的“一号文件”,正式确认包产到户、包干到户等联产承包责任制的合法性,并宣布长期不变。那段时间,全国农村沸腾了,基层干部奔走相告,“双包”责任制以排山倒海之势席卷全国。然后,从 1983 年到 1986 年后续的四个“一号文件”也都保持了政策的连续性,突显了农村改革的极端重要性。

变是必然的选择,通则是变必然的结果。这种改革极大地调动了农民的生产积极性,迅速解放了长期被压抑的农村生产力,农业生产获得了连年丰收。1978 年到 1988 年,粮食总产量由 4000 亿斤增加到 8000 亿斤,解决了十几亿人口的吃饭问题。其中 1982 年年增长率为 19.9%,为历史最高。农民收入的增加,也推动了剩余劳动力与资金的转移,乡镇企业发展,市场开始繁荣。这不但扭转了农业生产的长期被动局面,而且对全国的经济体制改革也提供了重要借鉴作用,更加坚定了全党和全国人民对改革开放的信心。

变,怎么变,这还需要先走出国门看一看。1978 年,国务院先后组织了两批人员分赴西方国家和我国港澳地区进行考察,吸取当地发展经济的先进经验,以推动我国的现代化建设。参加考察的人通过实地观察,开阔了眼界,打开了思路,获取了大量对外开放包括创办经济特区可资借鉴的新鲜经验。

港澳经济考察组回到北京后立即向中央写了一份《港澳经济考察报告》,报告提出把靠近港澳的广东宝安、珠海划成出口基地,力争经三五的努力,建设成具有相当水平的工农业结合的生产基地和对外加工基地,建设成为吸引港澳游客的游览区。中共中央、国务院的主要领导听取了考察组的汇报后表示“总的同意”,并要求“说干就干,把它办起来”。就这样,从前的宝安县变成了今天的深圳市,并且随着中央与地方的不断论证,制度与政策的协商成熟,深圳、珠海、汕头、厦门等中国第一批经济特区就诞生了。

就这样,我们解放思想,实事求是,不断摸索、不断实验。从封闭或半封闭到对外开放,从墨守成规到各方面改革的根本性转变。这些转变不但将在中国掀起一场彻底改变贫困落后面貌的革命,而且还将在世界范围内突破已经落后于时代、日渐僵化的社会主义建设的旧模式,开创具有中国特色的社会主义建设的新理论、新道路。从此,党和国家进入了以改革开放和社会主义现代化建设为主要任务的历史时期。

鼓起精气神
——时代精神的价值内涵

一个民族、一个国家,总要有一种精神,犹如一个人活在世上,总是要靠一种精神支撑一样。失去精神的民族,犹如失去魂魄的人一样,没有活力、没有激情、没有向往、没有追求,只不过是行尸走肉。精神作为思想、心理、观念层面的东西,需要不断地进行概括、总结、提炼、升华。思想观念如果不提炼、不升华,始终处于一种自在状态,就会慢慢褪色,逐渐失落。一个民族、一个国家越是自觉地不断提炼、升华其民族精神,这种精神就会焕发青春,凝结成发展进步的强大动力,推动国家和社会向前迈进。中华民族之所以在近代以来处于落后挨打的状态,主要原因是落后于当时世界历史发展的大趋势,其精神观念仍然处于天朝王国的盲目自大之中。当这种美梦被西方列强用坚船利炮轰醒之后,则陷入迷茫、彷徨、放弃、麻木的精神状态之中。

在改革开放的新时代,中华民族不断总结自己的历程,坚持马克思主义与时俱进的理论品质,除了不断解放思想,坚持理论创新外,还自觉地提炼与时代相适应的时代精神,形成了以改革创新为核心的时代精神。

改革创新精神是我们在发展中国特色社会主义的伟大实践中形成的宝贵精神财富,是时代精神的集中体现。以改革创新为核心的时代精神,是当代中国人民精神风貌的集中写照,是激发社会创造活力的强大力量。

改革开放新时代

时代精神

时代与人类社会发展始终相伴，它的脚步不会停歇。时代精神是社会群体在文明创建活动中体现出来的精神风貌和优良品格，是激励一个民族奋发图强、振兴祖国的强大精神动力。根据一个国家、一个民族时代精神的内涵以及它在经济、政治、文化等建设活动中所发挥出来作用的大小，可以透视其国民的理性程度与成熟水平，因而成为衡量其文明进步的重要标准。

当然不同的时代就会有不同的时代主题与时代精神。如果一个国家能够引领时代前进的潮流，它就会以发展、进步、繁荣、富强为特征；如果一个国家不能跟随时代的脚步，它就表现出明显的停滞、落后、萧条、贫穷。

时代总会进步，当然追求时代进步的愿望也永远不会磨灭。当一个国家的发展与时代的发展步伐不一致、不协调的时候，为了不被时代抛弃，改革与创新势在必行，改革与创新的特质也就成为时代精神的重要内核。

改革创新的时代精神

中国经过了一段曲折的发展历程，为了跟随时代的脚步，实现国家的繁荣与昌盛，对内的改革与对外的开放就必然会成为整个国家面临的重要课题。对于我们中华民族这三十多年来的发展历史来说，改革与开放、创新与发展就是时代精神的集中体现，而这种时代精神是对改革开放、创新与发展的最恰当总结。

改革创新是我们当前时代精神的核心。改革创新精神表现为一种突破陈规、大胆探索、勇于创造的思想观念，表现为一种不甘落后、奋勇争先、追求进步的责任感和使命感，表现为一种坚韧不拔、自强不息、锐意进取的精神状态。它反映社会进步的发展方向、引领时代进步潮流、为社会成员普遍认同和接受的思想观念、价值取向、道德规范和行为方式，是一个社会最新的精神气质、精神风貌和社会时尚的综合体现。

改革创新的时代精神内涵

改革创新精神继承中华民族革故鼎新的传统,体现当代中国发展进步的要求,贯穿改革开放的全部实践,贯通时代精神的各个方面。三十多年来,我国经济体制、政治体制、文化体制、社会体制以及其他各方面体制改革不断深化,理论创新、制度创新、科技创新、文化创新以及其他各方面的创新全面推进。

以改革创新为核心的时代精神就是克服满足现状、不思进取的思想,居安思危、奋发图强;就是克服因循守旧、故步自封的思想,勇于创新、昂扬向上;就是克服惧怕困难、畏首畏尾的思想,锐意进取、勇往直前。

时代精神的内涵丰富,主要体现为:解放思想、实事求是,与时俱进、勇于创新,知难而进、一往无前,艰苦奋斗、务求实效,淡泊名利、无私奉献。三十多年以来,在党的正确领导下,我国人民锐意进取、敢为人先的创新精神不断迸发;与市场经济相适应的自主、平等、竞争、效率观念不断增强;扶贫济弱、公平共享,着眼于人的全面发展的人文精神得到普遍推崇;民主、科学、法治的理念成为广泛共识。

精神生产来自于实践,时代精神是在改革开放实践中催生的,弘扬时代精神也体现在改革开放和社会主义现代化建设的过程中。弘扬时代精神就要着力回答时代对改革提出的新课题,着力解决体制转变中的深层次矛盾和问题,推动改革不断取得新突破。要把弘扬时代精神体现到加快发展的实践中,着力把握发展规律、创新发展理念、转变发展方式、破解发展难题,提高发展质量和效益,实现又好又快发展。要把弘扬时代精神体现到推动创新的实践中,敢为人先,勇于超越,让全社会的创造活力竞相迸发,创新人才脱颖而出,创新成果不断涌现。

总之,改革开放的实践催生了伟大的时代精神。三十多年来,从农村到城市、从经济领域到其他各个领域,全面改革的进程势不可挡;从沿海到沿江、沿边,从东部到中西部,对外开放的大门毅然打开,使中华民族能大踏步赶上时代前进的潮流、迎来伟大复兴的光明前景。

三十多年来,妨碍发展的思想观念被逐步冲破,束缚发展的做法和规定被逐步改变,影响发展的体制弊端被逐步革除,人们的思想大解放、观念大转变、精神大振奋。中国人民的面貌、社会主义中国的面貌、中国共产党的面貌发生了历史性变化。

波澜壮阔的改革开放实践,孕育和形成了以改革创新为核心的伟大时代精神。解放思想、实事求是、与时俱进的精神极大弘扬,以人为本、尊重科学、崇尚和谐的观念牢固树立,诚实守信、团结友爱、互助奉献的风尚日益浓厚,民主法治、自由平等、公平正义的理念深入人心,效率意识、竞争意识、开放意识不断增强。这一切,体现了时代精神的丰富内涵,反映了当代中国人民紧跟时代、振兴中华的精神风貌。

开拓创新大发展

什么是开拓创新

改革创新成为时代的最强音,成为社会发展的潮流。正是因为改革创新,社会生产力获得了极大解放,我国以世界上少有的速度快速发展起来,取得了改革开放和社会主义现代化建设的辉煌成就,创造了举世瞩目的发展奇迹。事实证明,改革创新是我们党和国家发展进步的活力源泉,是中国特色社会主义事业开拓前进的不竭动力。

创新与改革是分不开的,改革是革除陈旧,创新是开创启新。改革与创新就是破旧与立新的关系,只有实现改革才能为创新创造条件,也只有创新才能做到真正的改革。所谓开拓创新的时代精神就是指开拓进取、勇于创新的一种精神。

开拓创新的内涵

首先,开拓创新基于一种敢于怀疑、勇于求实的精神,同时又富有一定的好奇心与自信心。如果迷信传统、书本、权威,不脚踏实地,缺少自信,缺乏好奇心,懒散怕苦,不能持之以恒,便是没有开拓创新的品格。

其次,开拓创新精神又是邓小平同志所具有的那种“敢说前人没有说过的话,敢走前人没有走过的路,敢创前人没有开创的新事业”的大无畏的胆略和气魄。如果畏首畏尾,缩手缩脚,不敢为天下先,只敢跟在别人后边跑,不敢阐述自己的新见解,只敢讲已成定论的东西,便是没有开拓创新的胆魄。开拓创新的要求是实现零的突破,从无到有,实现超越,从有到优。

再次,开拓创新精神还是一种才识,即也是一种才能、见识。它要求必须具有创造性思维和较强的从经验、事实、材料中提炼出自己思想的能力。如果思维僵化,缺乏创造性,拥有丰富的经验、事实、材料却提不出自己的思想,便是没有开拓创新的才识。

开拓创新精神,品格、胆魄与才识必须齐备,缺一不可。品格是基础,没有开拓创新的品格,就很难产生创新的欲念,即便偶尔产生,也会因缺乏动力支持而昙花一现;有胆魄而无才识,轻则不能成事,重则陷于蛮干而遭受重创;有才识而无胆魄,往往是明知某件事干了大有好处却不敢干,结果眼睁睁看着才不及己者屡获成功而春风得意,自己却事败困迫而懊丧不已;当然,如因循守旧、墨守成规、死守教条,品格、胆魄与才识皆无,那更会一事无成。

创新的内容

对于现代高速发展的社会,创新是一个民族进步的灵魂,是一个国家兴旺发达的不竭动力,是一个政党永葆生机的源泉。也只有通过创新,才能使一个国家与民族在世界之林立于不败之地;也只有开拓创新,才能使一个国家与民族能跟随时代步伐,于存在中求发展、于发展中求进步。同时,开拓创新又是一项复杂艰苦的大工程,它包含着科技创新、体制创新、理论创新,并且需要培育创新型人才,形成创新型国家。

科技创新是指创造并利用新技术、新工艺于生产与管理的各个方面,开发出新产品,最终实现生产力的飞越。它是生产力发展的最强大动力。科学技术是第一生产力,科学技术总是不停地向前发展,同时科技创新是永无止境的。通过知识创新、技术创新与管理创新最终要实现科技创新,为人类社会的发展提供源源不断的动力。

体制是一个国家的制度、政策等统领性纲要的规定性总和。它是一个国家与社会发展的制约性环境,体制创新也就是通过制度与政策的革新而实现与社会现实发展相适应,从而为其发展与其他创新提供一定的体制支撑与活力。

改革开放以来,我们经济社会的每一步发展都是与体制创新联系在一起的。从改革初期的农村家庭联产承包责任制，再到推进城市经济体制改革；先对国有企业进行放权让利等政策调整，再转向建立现代企业制度和国有经济布局战略性调整，在调整中发展非国有经济成分等。经济发展的每一步，都是体制创新的结果。这种体制变革激发了社会活力，促进了经济发展和企业竞争力的增强。

实践发展永无止境，理论创新也永无止境，理论来源于实践又作用于实践、指导实践。理论创新是在原有理论的基础上，结合实践的新变化，实现理论突破与理论更新，使理论现实性更高、指导性更强，从而推动社会的发展与进步。理论创新，是人们不断探索规律、发现规律、掌握规律和运用规律的过程，是不断对以往的理论实现新突破和新超越的过程。

理论创新是对实践经验的总结和升华，又在更高层面上指导实践；理论创新是在继承和发展已有理论成果中实现的，是继承和发展的有机统一。

对于一个国家、一个民族、一个政党，理论创新是其生存发展的强大动力，是社会进步的重要标志。理论创新是对时代课题的深刻把握和科学解答，理论创新成果是时代精神的精华；中国特色社会主义理论体系的形成和发展，是我们党在改革开放历史新时期坚持理论创新的集中体现。

开拓创新既需要体制与机制的支持，更要以人才为根基，人才是创新的基础。任何创新都是经过作为主体的人的主观能动性实现的，所以说创新型人才的培养就成为能否创新的关键。“一枝独秀不是春，百花齐放春满园”，创新人才的集聚与通力合作，就会使创新的功能成倍增长，创新型国家就会形成。

对于今天中国改革开放的大局来说，创新之于我们所追求的时代精神，可谓是半壁江山。改革是创新的前提，只有顺应改革的大潮，响应改革的呼声，把改革真正地推进，才能形成创新的局面，受益于创新的壮举。也只有通过创新的措施、创新的激励，改革才能够有所成效，改革推进才能事半功倍。

与时俱进真品质

什么是与时俱进

“与时俱进”源自《易经》“与时偕行”。《易经》的“益卦”中有这样一句话：“天施地生，其益无方。凡益之道，与时偕行。”意思是说，给人民大众带来利益，就像高天降下雨露，大地滋生万物，没有什么固定的方法。如果抓关键，就是随时令前进，把握时机施行。

今天时代条件下的与时俱进有着更为广泛而深厚的内涵，江泽民同志在党的十五大报告中指出：“坚持党的思想路线，解放思想、实事求是、与时俱进，是我们党坚持先进性和增强创造力的决定性因素。与时俱进，就是党的全部理论和工作要体现时代性，把握规律性，富于创造性。”

与时俱进的内涵

体现时代性，要求理论尊重实践，随实践的发展而发展，坚持实践是检验真理的唯一标准，坚持按照解放思想、实事求是、与时俱进的马克思主义思想路线认识世界与改造世界。把握规律性，要求理论善于透过无数偶然性把握事物的必然规律，透过暂时性、突发性的因素把握其稳定性、恒久性的因素。富于创造性，要求理论适应实践的发展，自觉地把思想从那些不合时宜的观念、做法和体制的束缚中解放出来，从对马克思主义错误的和教条式的理解中解放出来，从主观主义和形而上学的桎梏中解放出来。

坚持党的思想路线，解放思想、实事求是、与时俱进，本质就是要以创新的精神和科学的态度去认识、把握和遵循事物发展的客观规律。与时俱进强化了解放思想、实事求是的创新内涵，反映了时代发展变化对党的全部理论和工作的新要求。与时俱进的品质突出了思想路线的进取性、时代性、开放性与创新性。

“与时俱进”的“时”，讲的就是时机和时代。而时代是不断变化与发展的，这也就需要我们的工作与时代步伐相统一，与时代的发展要求相一致。马克思主义是共产党人认识世界和改造世界的科学理论，必须随时代变化而发展，才能永远葆有强大的生命力。共产党人要为人民利益而奋斗,必须使党的理论、党的事业、党的建设与时俱进,而且要善于把握时机,既要反对超越时代的空想主义,也要反对落后于时代的教条主义。要永远做到解放思想,实事求是,与时俱进,开拓创新。

与时俱进的成果

与时俱进，就是要求中国共产党人在思想上、理论上与时代同进步,站在时代的前列,不断推进理论创新;要求她所领导的国家事业也要紧跟时代发展的步伐；要求她既坚持马克思主义的立场、观点和方法,又要在实践发展中不断检验和丰富这一伟大学说,不断推向新的发展境界,而不是因循某些原理、结论、章句,教条主义地生搬硬套,削足适履。一个党,一个民族,一个国家,要与时俱进,要发展,就必须创新。江泽民同志说,整个人类历史,就是一个不断创新、不断进步的过程。没有创新,就没有人类的进步,就没有人类的未来;没有创新,就没有发展,就没有生命力。

同时,与时俱进不是盲目冒进,体现时代性不是贴标签,富于创造性不是一味地标新立异,而必须把大胆探索的精神和求真务实的态度结合起来,把勇于创新和善于创新结合起来,把时代性、规律性、创造性统一起来,扎实有效地把各项工作推向前进。

我们在改革开放三十多年来所取得的伟大的成就与坚持解放思想、实事求是、与时俱进、开拓创新的指导思想分不开。随着现实的不断发展,我们国家和党也在不断总结经验,不断进行理论创新,也形成了与时俱进的显著成果。在回答什么是社会主义,怎样建设社会主义的现实问题的探索中形成了邓小平思想;在回答建设什么样的党,怎么建设党的现实问题过程中形成了“三个代表”重要思想;在回答实现什么样的发展,怎样发展的现实问题中形成了科学发展观。

与时俱进已经成为指引我们党正确决策、准确判断的指针。也正是在工作中坚持了解放思想、实事求是的思想路线,坚持了与时俱进、开拓创新的指导方针,才能形成中国特色社会主义理论体系,才能在工作中创造丰功伟绩。与时俱进是与改革创新为核心的时代精神最贴近的精神品质,只有在与时俱进思想的指引下,才能与时代的脚步相一致、相协调,只有通过与时俱进思想的引领作用,才能真正体现改革创新的时代精神。

求真务实好作风

什么是求真务实

求真务实就是正确把握规律,真抓实干,务实求效。

新时期最鲜明的特点是改革开放,新时代最鲜明的精神特质是改革创新。以改革创新为核心的时代精神并不是一枝独秀,而是百花盛开。这种时代精神的影响力是广泛的,其推动力也是巨大的。追求并体现改革创新的时代精神是我们所有人的共同责任,那么求真务实自然也是这种时代精神的现实体现,是对我们党、我们政府的政治品格的具体要求。

求真务实是理论与实践、知与行的历史性统一。所谓"求真",就是"求是",也就是依据解放思想、实事求是、与时俱进的思想路线,去不断地认识事物的本质,把握事物的规律。所谓"务实",则是要在这种规律性认识的指导下,去做、去实践。

在当前的时代条件下具体来讲,求真的本质在于实事求是,党与政府的工作要基于现实的真实状况,而不能脱离具体的实践;发现、把握并能动地运用现实事物发展的规律性来为社会主义事业服务。务实就是在求真的基础上,使党和政府的工作能与现实相对接,能够切实解决现实中的问题、化解现实中的矛盾,工作的效果能够实实在在地在现实中得以体现,并确实促进社会的发展与进步。

求真务实的内涵

如果说"实事求是"作为对党的思想路线的集中概括,所着重强调的是马克思主义"认识世界"的科学精神和认识任务的话,那么,将"求真务实"作为党的思想路线的核心内容,所着重突出的则是马克思主义"改造世界"的科学精神和实践任务。在党的思想路线的阐述中对"求真务实"的强调,可以说是进一步突出了无产阶级政党的历史使命感和实践精神。

"求我国社会主义初级阶段基本国情之真, 务坚持长期艰苦奋斗之实。"要基于我国处于社会主义初级阶段的实情,而不能超越这个阶段,要杜绝那种共产主义指日可待,盲目而不知进取的空洞乐观思想,也要杜绝不深入实际,不尊重规律,不讲求实效,好大喜功、急功近利,虚报浮夸、弄虚作假,习惯于做表面文章,热衷于搞“形象工程”“政绩工程”的做法。要老老实实做人、干干净净做事,从自己做起,从自身做起,从点滴做起、埋头苦干,察实情、讲实话,鼓实劲、出实招,办实事、求实效,努力创造经得起实践和历史检验的实绩。

面对现实,要进一步增强节俭意识,杜绝拜金主义、享乐主义、铺张浪费、大手大脚、奢靡之风。要不贪安逸、不图享受,不讲排场、不比阔气,要牢固树立过紧日子的观念,坚持节俭办一切事情。真正把有限的资金和资源用在刀刃上,用在发展经济和改善民生上,用在为人民群众谋利益上。“求共产党执政规律、社会主义建设规律和人类社会发展规律之真,务抓好发展这个党执政兴国的第一要务、全面加强和改进党的建设之实。”要深化对这三大规律的认识与把握,既不能割断历史,也不能迷失方向,既不落后于时代,又不超越社会发展的阶段,在现实工作中不断提高实践这些规律的自觉性与坚定性。切实抓好党的建设重任,使党的建设重任立足现实、立足实践。要看到党所面临的各种繁重任务中,处于首要地位的是发展问题。

“求人民群众的历史地位和作用之真,务发展最广大人民根本利益之实”,就是真正认识到人民群众是历史的创造者,是社会发展的推动者。体现在具体的工作中就要把群众呼声作为第一信号,把群众需要作为第一选择,把群众满意作为第一标准,坚持问政于民,问需于民、问计于民,办顺民意、解民忧、增民利的实事。

从本质上讲,求真务实是马克思主义历史唯物主义与辩证唯物主义的生动体现,也正因如此,求真务实成为我们党、国家、政府工作的基本出发点,成为我们党、国家、政府确立制度、制定政策、执行决策的基本前提。在任何时代条件下,要想工作扎实、有效,社会发展、进步,求真务实就是必然的先决条件。在当今以改革创新为核心的时代精神背景下,求真务实的重要性更加突显,它甚至是我们党执政兴国、富民强国的基本内容和要求。

奋勇争先多奉献

什么是奋勇争先

李清照《打马赋》:“或衔枚缓进,已逾关塞之艰;或奋勇争先,莫悟阱堑之坠。”

什么是奋勇争先,如果说求真务实是在改革开放大潮中,在改革创新的时代精神氛围下,社会发展进步对于执政党、国家政府以及基层部门思想与行动的品格要求的话,那么奋勇争先则是在求真务实的引领下,社会各阶层、各行业发扬改革创新的时代精神,在创新活力与动力的激发下充分发挥个体的主观能动性,通过合理的竞争机制,通过奋发拼搏、努力进取既实现个人的创新价值,也实现服务社会,贡献集体的奉献精神。

奋勇争先的精神实际上既是对人性的一种释放,也是一种思想的解放。对于我国改革开放来说,由于国家宏观政策的调整,思想认识的改变,首先就是束缚人们头脑的传统思想得以解除,从而催生出敢于奋斗,勇于创新的动力。其次就是正是在这种动力的刺激下,人们不再畏首畏尾、裹足不前,而是现实中能够放开手脚,亲自践行,不断探索出新的出路与新的方法。最后,不管是哪一行业、哪一部分,可谓“八仙过海,各显神通”,这种精神都能够体现出劳动的价值,付出的回报。它既能够为个人带来收益,也为社会作出了应有的贡献。

奋勇争先的精神一方面表现为勇敢的胆略,具有超出平常人的胆识,能够做出惊人之举,而且还具备甘于奋斗,不辞劳苦的精神,特别是在奋斗创业之初,能够有勇往直前、追求卓越的思想境界,具有一种敢做弄潮儿的英勇气势。另一方面表现为“敢为天下先”的动力与活力。所谓“一鼓作气,再而衰,三而竭。”“争”,既表达敢于竞赛、勇于竞争之义,也蕴含着努力争取、全力争夺之行。“先”,正是在这种精神与气魄的作用之下,能够做到领先同行同辈,先于他人而做出耀人的功绩与伟业,并作为一种典型事例而具有巨大的示范作用,不断激励他人的拼搏精神,进而能够带动整个社会的创新意识与奋斗精神。

奋勇争先的意义

奋勇争先表现出来的是积极意义上的拼搏、进取、敢闯、敢做,并非鲁莽、蛮干、缺乏变通的一味执著,也不是傻大胆、逞英雄。奋勇争先首先需要外部环境支持,像国家制度的许可、政策支持、体制与机制的灵活运用等。其次还需要个人活力与动力的形成,也需要创新思维的启迪,也就是通过政策效应来激发劳动者的主动性。好吃懒做、不思进取不能形成奋勇争先之局面;平庸无为、安于现状也不足以生成奋勇争先之氛围。

我国在 20 世纪 70 年代末开始改革开放,时至今日,随着改革的不断推进,在不同的时段持续呈现出奋勇争先的局面。农业、工业、商业、文体等各个行业,工人、农民、商人、知识分子等各个阶层都表现出了奋勇争先、不甘落后的拼搏、创业、进取、奉献的时代精神,并创造出了历史上所没有的骄人业绩。

正是在奋勇争先精神的带领下,“大包干”“下海”“万元户”“暴发户”“个体户”等时尚名词应运而生。也正是在这种思想的启迪之下,中国大地上的各行各业掀起了一轮又一轮的奋勇争先、潜心创业的高潮。小岗村的一张契约打响了中国农村改革的“第一枪”;首钢改革、特区的建立也带来了工业生产、商业繁荣的“兴奋剂”,“下海”更如潮涨云涌。作家吴晓波在其著作《激荡三十年》中写道:“在 1978 年到 2008 年的中国商业圈出没着这样一个族群:他们出身草莽,不无野蛮,性情漂移,坚韧而勇于博取。”正是他们这种敢闯敢干的精神给中国以奋起飞翔的斗志,给世界以神奇惊叹的仰慕。

文化、体育方面的奋勇争先则更是知识与人才的奠基,给中华民族以自豪和自信。从 1978 年高考制度的恢复到“科学春天”的到来,到后来的“科技兴国”与“人才强国”战略,再到建设创新型国家,都是优秀学子、中流砥柱奋勇争先的精神动力。女排的胜利及后来的五连冠、乒乓球“中国时代”的开启、中国奥运会冠军零的突破都在这样的时刻到来,与经济发展热火朝天的局面相互辉映,这些都是改革开放以来,在改革创新的时代精神引领下,奋勇争先的生动范例。

在改革创新的时代条件下,奋勇争先精神的广泛传播,奋勇争先局面的普遍形成,对于经济建设、社会发展、文明建设都有着重要的作用。

奋勇争先的内在动力可以大幅度提高社会劳动的效率，同时又彰显了制度与政策的效力。而奋勇争先的先进事迹与丰硕成果又可以进一步鼓励大胆革新、勇敢试验的创新精神。特别是能够在社会中形成劳动光荣、劳动致富的价值导向，在社会中形成尊重创新、尊重劳动的良好风气。

毫不夸张地说，奋勇争先是推动社会发展源源不断的动力。在当今大发展、大变革的宏观时代背景之下，只有改革创新的时代精神才能催生出全社会奋勇争先的大好局面，也只有通过奋勇争先的毅力、不甘落后的信念，才能真正在现实中践行、落实改革创新的时代精神，这种时代精神才能真正显示出它的活力与动力。

运筹帷幄中
——时代精神的科学论述

毫无疑问,改革、创新是我们今天时代的最强音。这既是民族的呼唤,人民的呐喊,也是党和国家的号召。

改革开放以来,从以邓小平为核心的党的领导集体,到以江泽民、胡锦涛为总书记的领导集体,始终高举中国特色社会主义旗帜,大力推进改革、创新事业。改革、创新成为新时代几代领导集体的高度共识,成为中国共产党向中国人民发出的最有力的号召。从改革、创新的要求出发,党和国家在过去三十多年的建设和发展中,总是根据新形势、新任务、新要求,运筹帷幄,对改革创新作出战略筹划、科学布局、具体设计、明确要求,从而使改革不断完善、不断深化,不断上新台阶、不断取得新突破。

小平,您好!

1984 年 10 月 1 日,35 周年国庆首都群众游行时, 北京大学游行队伍行进中突然展开一条“小平您好”的横幅,画面瞬间传遍全世界,这一时刻被牢牢地定格,成为新中国历史上珍贵的记忆。“小平您好”真真实实地表达了人民群众对小平同志朴素、深厚的爱戴之情,同时也表达了人们对小平同志推行改革政策的积极肯定与热烈拥护。

“文化大革命”结束以后,中国百废待兴。1987 年的真理标准问题大讨论，否定了“两个凡是”的错误，确立了“解放思想，实事求是，团结一致向前看”的思想路线，从此，人们的思想实现了大松绑，推动了改革创新思维的形成。以十一届三中全会为起点，中国人民进入了改革开放和社会主义现代化建设的新时期。以邓小平为核心的党中央带领全国各族人民走上了改革开放的道路。从此，改革开放、开拓创新就成为回荡在中国大地上的最强音。

邓小平关于改革的科学理论

*宏观方面，确立了改革的基本路线。*首先，在改革的切入点选择上，邓小平在《改革的步子要加快》一文中说道，我们的改革和开放是从经济方面开始的，首先又是从农村开始的。为什么要从农村开始呢？因为农村人口占我国人口的百分之八十，农村不稳定，整个政治局势就不稳定，农民没有摆脱贫困，就是我国没有摆脱贫困。改革从农村开始的决定使得改革迈出了关键性的一步。

其次，确立由农村转向城市的改革路线。正如邓小平在《我们的宏伟目标和根本政策》一文中所说，这几年我们进行的农村改革，是一种带有革命意义的改革。与此同时，我们开始了城市改革的实验。当然，农村这一套不能完全搬到城市，因为城市比农村复杂得多，它包括工业、商业、服务业，还包括科学、教育、文化等领域。

*微观方面，明确了经济体制改革和政治体制改革的相关问题。*首先，确立了经济体制改革的目标和任务。在我国改革初期，发展经济是首要的任务。在整个改革的过程中，邓小平一直强调不断推进经济体制改革。邓小平在中华人民共和国成立三十五周年庆典上的讲话中提到，当前的主要任务，是要对妨碍我们前进的现行经济体制进行系统的改革。而经济体制改革中最重要的是要把市场经济引入中国，发展有计划的市场经济，充分调动市场配置资源的基础性作用。邓小平曾在《社会主义和市场经济不存在根本矛盾》一文中明确指出，社会主义和市场经济之间不存在根本矛盾。问题是用什么方法才能更有力地发展社会生产力。它阐明了实施市场经济的可能性和必要性。

其次，提出政治体制改革的必要性。邓小平在《关于政治体制改革问题》中说道，我们提出改革时，就包括政治体制改革。现在经济体制改革每前进一步，就深深感到政治体制改革的必要性。不改革政治体制，就不能保障经济体制改革的成果，不能使经济体制改革继续前进，就会阻碍生产力的发展，阻碍四个现代化的实现。它指明了政治体制改革的必要性和紧迫性。

*总结了改革的意义以及在改革中应注意的问题。*从国内来看，邓小平曾在《抓住时机，推进改革》一文中指出，改革的意义，是为下一个十年和下世纪的前五十年奠定良好的持续发展的基础。没有改革就没有今后的持续发展。所以，改革不只看三年五年，而是要看二十年，要看下世纪的前五十年。这件事必须坚持干下去。这篇文章表明了改革对中国发展的重大意义和坚持改革的决心。从国际来看，我们的改革不仅在中国，而且在国际范围内也是一种试验，我们相信会成功。如果成功了，可以对世界上的社会主义事业和不发达国家的发展提供某些经验。

邓小平在《改革是中国发展生产力的必由之路》一文中提到，在改革中坚持社会主义方向，这是一个很重要的问题。我国的改革是在社会主义制度的前提下进行的，改革是社会主义制度的自我发展与完善，而不是对社会主义制度的改变，这是我国进行改革时必须时刻注意的问题。

邓小平关于创新的科学论述

在改革的过程中，邓小平同志不断提出新理论，探索新道路，制定新制度，实施新政策，实现了理论创新、实践创新、制度创新、政策创新和社会各方面的创新。

*理论创新。*邓小平把马克思主义与中国社会主义建设实际相结合，创立了中国特色社会主义理论的组成部分——邓小平理论。这一理论成功地回答和解决了“什么是社会主义、怎样建设社会主义”这一基本问题，实现了马克思主义在中国的第二次飞跃，开拓了马克思主义的新境界。

*实践创新。*邓小平领导的建设有中国特色社会主义的创新性实践，走的是由农村到城市的路线。正如邓小平在《中国共产党全国代表会议上的讲话》一文中指出，改革的问题在十一届三中全会已提出，改革从农村开始，经过了三年，解决了许多实践中出现的新问题，取得了一些成绩，认识也比较一致了，但也有一些新问题，还需要继续解决。十二届三

中全会以后,改革的重点转移到城市。

*制度创新。*自改革开放以来,邓小平一直致力于建设中国特色的社会主义市场经济制度。他曾在《社会主义和市场经济不存在根本矛盾》一文中明确指出,社会主义和市场经济之间不存在根本矛盾,问题是用什么方法才能更有力地发展社会生产力。该文还阐明了实施市场经济的可能性和必要性。

为完成祖国统一大业,解决历史遗留的台湾、香港、澳门等领土问题,邓小平大胆地提出了"一个国家,两种制度"的创造性构想。"一国两制"提出以后,成功地解决了香港问题和澳门问题,显示了强大的生命力。这一构想是对马克思主义国家学说的创造性发展,是社会主义国家制度的独特创新,并为世界各国解决国际争端提供了成功的范例。

另外,在领导改革开放的过程中,邓小平推进了中国政治、经济、文化、军事、外交等一系列制度的创新和改革,开启了中国社会主义制度全面创新的新阶段。

*政策创新。*邓小平领导全国人民逐步构建起涵盖社会各个领域的全新的社会主义政策体系。这一政策体系包括改革开放政策,四项基本原则,"三步走"发展战略,科教兴国和可持续发展战略,人口与计划生育的基本国策,两个文明一起抓,坚持公有制为主体、多种所有制经济共同发展等一系列基本政策,也包括把农业放到国民经济发展的首位、精简党政机构、裁减军队、和平外交、文教卫生等各领域各行业的具体政策。

春天的祝愿

一曲《春天的故事》,将两个历史性的时刻凸显出来。"一九七九年那是一个春天,有一位老人在中国的南海边画了一个圈",这句歌词把背景放在了 1978 年 12 月召开的十一届三中全会之后,紧扣改革开放的历史转折背景, 描写了改革初期的历史和成绩;"一九九二年又是一个春天,有一位老人在中国的南海边写下诗篇",指 1992 年邓小平的"南方谈话"。

第一个春天即改革初期,在这一时期,邓小平关于改革创新的相关论述在上一部分我们已经做了具体说明, 以下主要是邓小平在"南方谈话”前后对改革创新的相关部署和论述。

邓小平“南方谈话”的开展

20世纪80年代末90年代初期，一方面受国内政治风波的影响，另一方面受东欧剧变与苏联解体的影响，中国的改革陷入困局。中国的强国之路怎样选择？改革还要不要进行下去？这些问题成为中国人民最大的疑问。在这一背景下，1992年1月18日—2月21日，邓小平到南方考察，在武昌到深圳、珠海和上海的路上发表了著名的“南方谈话”。

邓小平在“南方谈话”前后对改革创新的相关论述

——关于改革

在南方谈话中，邓小平说道，改革开放胆子要大一些，敢于试验，不能像小脚女人一样。看准了的，就大胆地试，大胆地闯。改革开放迈不开步子，不敢闯，说来说去就是怕资本主义的东西多了，走了资本主义道路。要害是姓“资”姓“社”的问题。判断的标准，应该主要看是否有利于发展社会主义社会的生产力，是否有利于增强社会主义国家的综合国力，是否有利于提高人民的生活水平。

这一系列对改革的精辟论述深刻地回答了困扰和束缚人们思想的重大认识问题，对包括社会主义市场经济和“三个有利于”标准等重大理论问题作出了新的概括和深入阐发，进一步加深了改革的决心，把改革开放和现代化建设推进到新阶段。

——关于创新

在改革初期，邓小平同志在理论创新、实践创新、制度创新、政策创新等方面提出了相关要求，在此后的改革过程中，邓小平也一直对这些方面的创新严加要求。在“南方谈话”前后，邓小平在创新方面又有了新的发展。

理论创新

邓小平在“南方谈话”中指出，社会主义的本质是解放生产力，发展生产力，消灭剥削，消除两极分化，最终达到共同富裕。讲话把对社会主义的认识提高到新的水平，进一步完善和发展了邓小平理论，开拓了马克思主义的新境界。

体制创新

邓小平在经济体制方面的创新，集中体现在改革传统的计划经济体制和确立社会主义市场经济体制上。邓小平设计的社会主义市场经济体制，把以公有制维护社会公正、促进共同富裕的目标同市场经济优化资源配置、提高经济效益的功能结合起来，既体现了社会主义制度的基本特征，又体现了市场经济的一般规律，是一个集中反映了人民群众愿望和现代化经济发展规律的伟大创造。

实践创新

邓小平在“南方谈话”中提到，共同富裕的构想是这样的：一部分地区有条件先发展起来，一部分地区发展慢点，先发展起来的地区带动后发展的地区，最终达到共同富裕。这个构想提出了中国特色的共同富裕之路，开创了我国在社会发展问题上新的实践。

政策创新

邓小平曾在“南方谈话”中谈到要坚持党的十一届三中全会以来的路线、方针、政策，关键是坚持“一个中心，两个基本点”。不坚持社会主义，不发展经济，不改善人民生活，只能是死路一条。

走进新时代

歌曲《走进新时代》创作于 1997 年十五大前夕，抒发了世纪之交的昂扬情怀。整首歌曲充满了爱国主义热情，歌颂了我们伟大的党和人民，表达了作者对祖国、对人民和对一切美好事物的热爱！一曲《走进新时代》，为我们展现了党和国家三代领导集体建设社会主义现代化强国的决心和信念。

邓小平同志的“南方谈话”及党的十四大的召开以后，我国的改革开放和社会主义现代化建设事业进入一个新的发展阶段。以江泽民同志为核心的党的第三代领导集体，结合新的实践，集中全党智慧，进一步发展了中国特色社会主义的改革创新思想，对我国改革创新事业和现代化建设具有重大而深远的指导意义。

江泽民同志对改革创新的论述

——关于改革

我们的改革,是一个复杂的巨大的系统工程,包括经济、政治、教育、科技、文化体制等各方面的改革,需要相互协调,配套进行。

——《江泽民文选》第一卷,162 页

改革开放是强国之路。必须坚定不移地推进各方面改革。

——十六大报告

经济体制改革

——市场经济是关键。江泽民在《关于在我国建立社会主义市场经济体制》一文中说道,加快经济体制改革的根本任务,就是要尽快建立社会主义的新经济体制,而建立新经济体制的一个关键问题,是要正确认识计划和市场问题及其相互关系,就是要在国家宏观调控下,更加重视和发挥市场在资源配置中的作用。这一论断明确指出了我国经济体制改革的目标是建立社会主义市场经济体制。

——各个方面齐发展。首先,江泽民在《走出一条具有中国特色的国有企业改革道路》中指出,深化企业改革,转换企业经营机制,建立现代企业制度,是在建立社会主义市场经济体制的过程中非常重要而又非常艰巨的一项任务,各级党委和政府必须十分重视,加强领导。这就明确了企业改革的重要地位。其次,资金好比社会经济的血液,金融业就是血液循环系统。在经济体制改革中举足轻重。江泽民在《深化金融改革,防范金融风险》一文中强调,进一步做好金融工作,保证金融安全、高效、稳健运行,是国民经济持续快速健康发展的条件。再次,在公有制经济为主体的经济体制下,国有经济控制着国民经济的命脉。因此,江泽民在十六大报告中明确指出:继续调整国有经济的布局和结构,改革国有资产管理体制,是深化经济体制改革的重大任务。最后,江泽民同志在十六大报告中指出,要深化分配制度改革,健全社会保障体系,再次强调了经济体制改革中的社会公平问题,体现了社会主义本质的要求。

——坚定方向不改变。江泽民在十五大报告中进一步强调要坚持社会主义市场经济的改革方向，使改革在一些重大方面取得新的突破,并在优化经济结构、发展科学技术和提高对外开放水平等方面取得重大进展,真正走出一条速度较快、效益较好、整体素质不断提高的经济协调发展的路子。这一论断明确了我国进一步进行经济体制改革的方向、方法,提出了促进经济协调发展的路子。

政治体制改革

——目标任务要明确。江泽民同志在十四大报告中指明,我们的政治体制改革,目标是建设有中国特色的社会主义民主政治,绝不是搞西方的多党制和议会制。随后,在十五大报告中指出,当前和今后一段时间,政治体制改革的主要任务是:发展民主,加强法制,实行政企分开、精简机构,完善民主监督制度,维护安定团结。这样就为我国的政治改革指明了方向。

——党的建设是关键。在新的时期,纵观国内国际风云,江泽民同志把党的建设提高到新的伟大工程的高度,并为之提出了明确的目标和任务，即要把我们党建设成为用建设有中国特色的社会主义理论武装起来、全心全意为人民服务、思想上、政治上、组织上完全巩固、能够经受住各种风险、始终走在时代前列的马克思主义政党。之后,又在十六大报告中提出:贯彻“三个代表”重要思想,必须以改革的精神推进党的建设,不断为党的肌体注入新活力。积极推进党的建设,为我国社会主义现代化建设提供坚强保证。

——依法治国是重点。江泽民在《坚持依法治国》一文中强调:实行和坚持依法治国,就是使国家各项工作逐步走上法制化的轨道,实行国家政治生活、经济生活、社会生活的法制化、规范化;就是广大人民群众在党的领导下,依照宪法和法律的规定,通过各种途径和形式,管理国家事务,管理经济和文化事业,管理社会事务;就是逐步实现社会主义民主的制度化、法律化。在十五大报告中指出:“坚持有法可依、有法必依、执法必严、违法必究,是党和国家事业顺利发展的必然要求。”明确了依法治国的任务和目标。

文化、教育体制和国防军队等各项改革

在重点推进经济、政治改革的同时,江泽民同志对其他各项改革也做了相关部署。他在十五大报告中指出：优化教育结构，加快高等教育管理体制改革步伐，合理配置教育资源，提高教学质量和办学效益。在十六大报告中提出根据社会主义精神文明建设的特点和规律，适应社会主义市场经济发展的要求，推进文化体制改革。同时，在十六大报告中强调探索新的历史条件下治军的特点和规律，推进国防和军队建设的各项改革。

——关于创新

在进行改革的同时，江泽民同志更加注重新时期、新形势下的与时俱进，开拓创新。他在为美国《科学》杂志撰写的社论《科学在中国：意义与承诺》中指出：中国将致力于建设国家创新体系，通过营造良好的环境，推进知识创新、技术创新和体制创新，提高全社会创新意识和国家创新能力，这是中国实现跨世纪发展的必由之路。把创新意识作为全民族的最高哲学理念和共同文化意识，不仅将对现代化建设产生积极而深刻的影响，而且将直接促进整个中华民族的跨世纪发展；把自主、凝聚、创新看做是当代中国社会民族精神的核心，把对人类社会现代文明的追求看做是民族主体意识的觉醒，这是中国社会主义现代化建设所需要的民族精神。只有当这种价值取向深入人心并取代了传统的依附、保守价值观之后，中国的现代化事业才能取得最后的成功。创新精神与开放意识互为双翼、一体两面。从这一意义上说，创新是一个民族进步的灵魂。在继承邓小平同志四大创新的基础上，江泽民同志突出强调了以“三个代表”为主要内容的理论创新和科技教育等方面的创新。

在理论创新方面，江泽民同志提出了“三个代表”重要思想。2000年，江泽民同志在广东省考察工作时说道：“我们党之所以赢得人民的拥护，是因为我们党在革命、改革、建设的各个历史时期，总是代表着中国先进生产力的发展要求，代表着中国先进文化的前进方向，代表着中国最广大人民的根本利益，并通过制定正确的路线方针政策，为实现国家和人民的根本利益而不懈奋斗。”“三个代表”重要思想一方面是对中国特色社会主义理论体系的完善和发展，另一方面科学地回答了“建设什么样的党，怎样建设党”的问题，是对我国党建理论的重大创新与发展。

在科技创新方面，江泽民《在全党全社会大力弘扬科学精神和创新精神》一文中说道：面对世界经济、科技发展的新形势，我们必须在全国兴起一个科技进步和创新的高潮。我们要抓紧实施科教兴国战略和可持续发展战略，抓紧国家创新体系建设，抓紧推进科技创兴和知识创新，在加强基础科学研究的同时，特别要加快高新技术的发展和产业化，积极推进科技体制改革，加速科技成果向现实生产力转化，提高我国的经济建设，提高各行各业的科学技术现代化水平。

在教育创新方面，江泽民同志在十六大报告中进一步指出，坚持教育创新，深化教育改革，优化教育结构，合理配置教育资源，提高教育质量和管理水平，全面推进素质教育，造就数以亿计的高素质劳动者、数以千万计的专门人才和一大批拔尖创新人才。

和谐发展的新世界

在建设有中国特色的社会主义事业全面推向 21 世纪之际，以胡锦涛总书记为核心的新的领导集体，在坚持马克思列宁主义、毛泽东思想、邓小平理论与“三个代表”重要思想的前提下，领导中国人民，以改革创新精神为指导，推动我国发展方式的转变，在科学发展观的引领下，进一步促进我国的经济、政治、文化、社会各个方面的改革与创新。

深入贯彻落实科学发展观

2005 年，胡锦涛同志在省部级主要领导干部提高构建社会主义和谐社会能力专题研讨班上的讲话中提到，科学发展观是坚持以人为本，全面、协调、可持续的发展观。之后，又在党的十七大报告中提出：科学发展观的第一要义是发展，核心是以人为本，基本要求是全面协调可持续性，根本方法是统筹兼顾。这一表述指明了我们进一步推动中国经济改革与发展的思路和战略，明确了科学发展观是指导经济社会发展的根本指导思想，标志着中国共产党对于社会主义建设规律、社会发展规律、共产党执政规律的认识达到了新的高度，标志着马克思主义和新的中国国情相结合达到了新的高度和阶段。

科学发展观，是立足社会主义初级阶段基本国情，总结了我国发展实践，借鉴国外发展经验，为适应新的发展要求提出来的。这是对我国发展理论与发展道路的重大革新。在科学发展观的引领下，我国推动了经济、政治、文化、社会等各方面改革创新的高潮。

促进国民经济又好又快发展

经济的科学发展是践行科学发展观的重头戏。胡锦涛同志在党的十七大上提出:实现未来经济发展目标,关键要在加快转变经济发展方式、完善社会主义市场经济体制方面取得重大进展。要大力推进经济结构战略性调整,更加注重提高自主创新能力、提高节能环保水平、提高经济整体素质和国际竞争力。

首先,经济发展中强调提高自主创新能力,建设创新型国家。我国强调经济发展中的创新因素,加大对自主创新与研发的投入,着力突破制约经济社会发展的关键技术。这样,发展经济时就能逐渐摆脱过多依赖国外技术的困境,实现由"中国制造"向"中国创造"的转变。

其次,实现未来经济发展目标,关键要在加快转变经济发展方式、完善社会主义市场经济体制。转变经济发展方式主要体现在产业结构上,过去我国主要依靠第一产业、第二产业拉动经济增长,如今我们应该把经济的增长点转移到信息产业、高科技产业和服务业等第三产业上来。

最后,发展经济的同时要加强能源资源节约和生态环境保护,增强可持续发展能力。我国传统的经济发展方式带来的沉重的资源环境的代价引起人们的深思。"竭泽而渔""吃子孙粮" 的发展方式受到严厉的批评。根据十七大的要求,在经济发展中更加注重开发和推广节能技术,发展清洁能源和可再生能源,进一步注重水资源和土地资源的保护,加大对环境污染的治理,并运用法律的形式加以保护。

实现全面建设小康社会奋斗目标的新要求

胡锦涛同志在党的十七大报告中指出:我们已经朝着十六大确立的全面建设小康社会的目标迈出了坚实步伐,今后要继续努力奋斗,确保到2020年实现全面建成小康社会的奋斗目标。这里的全面建设小康社会是在十六大确立的全面建设小康社会目标的基础上对我国发展提出的更高要求。这里的小康社会,是"科学发展观"指导下的小康,是更加注重社会和谐的小康,是政治、经济、文化、社会和生态文明全面发展的小康。

在党的十七大上,胡锦涛同志提出了对小康社会前景的展望:到

2020年全面建设小康社会目标实现之时，我们这个历史悠久的文明古国和发展中社会主义大国，将成为工业化基本实现、综合国力显著增强、国内市场总体规模位居世界前列的国家，成为人民富裕程度普遍提高、生活质量明显改善、生态环境良好的国家，成为人民享有更加充分民主权利、具有更高文明素质和精神追求的国家，成为各方面制度更加完善、社会更加充满活力而又安定团结的国家，成为对外更加开放、更加具有亲和力、为人类文明作出更大贡献的国家。

构建和谐社会

胡锦涛同志在省部级主要领导干部提高构建社会主义和谐社会能力专题研讨班上的讲话中指出：我们所要建设的社会主义和谐社会，应该是民主法治、公平正义、诚信友爱、充满活力、安定有序、人与自然和谐相处的社会。民主法治，就是社会主义民主得到充分发扬，依法治国基本方略得到切实落实，各方面积极因素得到广泛调动；公平正义，就是社会各方面的利益关系得到妥善协调，人民内部矛盾和其他社会矛盾得到正确处理，社会公平和正义得到切实维护和实现；诚信友爱，就是全社会互帮互助、诚实守信，全体人民平等友爱、融洽相处；充满活力，就是能够使一切有利于社会进步的创造愿望得到尊重，创造活动得到支持，创造才能得到发挥，创造成果得到肯定；安定有序，就是社会组织机制健全，社会管理完善，社会秩序良好，人民群众安居乐业，社会保持安定团结；人与自然和谐相处，就是生产发展，生活富裕，生态良好。社会主义和谐社会的这些基本特征是相互联系、相互作用的，需要在全面建设小康社会的进程中全面把握和体现。讲话科学阐述了和谐社会的基本内容与具体要求，为我国建设社会主义和谐社会提供了清晰的蓝图。

和谐社会是在全面建设小康社会的基础上对社会状态提出的更高层次的要求，是对我国社会建设的创新性发展。和谐社会的构建不仅要靠国家的倡导，更要靠个人的努力。胡锦涛同志在十七大上强调和谐社会要靠全社会共同建设。我们要紧紧依靠人民，调动一切积极因素，努力形成社会和谐人人有责、和谐社会人人共享的生动局面。

推动社会主义文化大发展大繁荣

随着物质生活的丰裕,人们对精神生活的要求也逐步提高,文化体制改革也就需要相应地深入。胡锦涛同志在十七大报告中指出,中华民族伟大复兴必然伴随着中华文化的繁荣兴盛。要充分发挥人民在文化建设中的主体作用,调动广大文化工作者的积极性,更加自觉、更加主动地推进文化大发展大繁荣,在中国特色社会主义的伟大实践中进行文化创造,让人民共享文化发展成果。同时还提到要全面认识祖国传统文化,取其精华,去其糟粕,使之与当代社会相适应、与现代文明相协调,保持民族性,体现时代性,进一步强调了对我国传统文化的改革与创新。

提出了社会主义核心价值体系。胡锦涛同志在十七大报告中提出:社会主义核心价值体系是社会主义意识形态的本质体现。要巩固马克思主义的指导地位,坚持不懈地用马克思主义中国化最新成果武装全党、教育人民,用中国特色社会主义共同理想凝聚力量,用以爱国主义为核心的民族精神和以改革创新为核心的时代精神鼓舞斗志,用社会主义荣辱观引领风尚,巩固全党全国各族人民团结奋斗的共同思想基础。这一创新性理论成果的提出,进一步打牢全党全国各族人民团结奋斗的思想道德基础,形成全民族奋发向上的精神力量和团结和睦的精神纽带,为构建社会主义和谐社会提供精神动力支持。

以改革创新精神全面推进党的建设

中国共产党是中国特色社会主义事业的领导核心,世情、国情、党情的发展变化,决定了以改革创新精神加强党的建设既十分重要又十分紧迫。胡锦涛同志在党的十七大报告中指出,中国特色社会主义事业是改革创新的事业。党要站在时代前列带领人民不断开创事业发展新局面,必须以改革创新精神加强自身建设,始终成为中国特色社会主义事业的坚强领导核心。

党的执政能力建设关系党的建设和中国特色社会主义事业的全局,必须把提高领导水平和执政能力作为各级领导班子建设的核心内容抓紧抓好。把党的执政能力建设作为党建的核心,按照科学执政、民主执政、依法执政的要求,使党的全部工作始终符合时代要求和人民期待。在党的先进性建设上，首先，要深入学习贯彻中国特色社会主义理论体系，着力用马克思主义中国化最新成果武装全党。其次，不断深化干部人事制度改革，着力造就高素质干部队伍和人才队伍。这是保持党的先进性的组织保障。再次，全面巩固和发展先进性教育活动成果，着力加强基层党的建设。最后，切实改进党的作风，着力加强反腐倡廉建设。做到权为民所用、情为民所系、利为民所谋。我党要站在执政兴国的高度，根据新标准、新要求提高党的执政能力、保持和发展党的先进性，从而为全面落实科学发展观、推动经济又好又快发展、建设小康社会、促进社会和谐、繁荣中华文化等提供可靠的政治和组织保障。

谱写新篇章
——时代精神的成就

没有改革开放就没有中国的今天,改革开放、开拓创新,吹响了中华民族伟大复兴的号角,鼓起了中华民族建设、创业的豪情,撬动了中华民族快速发展的历史车轮,在中华大地上谱写了骄人的新篇章。经济改革一马当先,经济建设高潮迭起,中国经济总量跃居世界第二;政治改革及时跟进,政治建设提上日程,独具特色的中国政治文明初步形成;社会改革后来居上,社会建设成果显著,中国公民社会正在迅速成长之中;文化改革相辅相成,文化建设步入快车道,中国文化大发展、大繁荣的时代即将到来。伟大的时代精神为伟大的时代提供了充沛的动力。在改革创新时代精神的鼓舞下,中华民族正在谱写更加辉煌的历史篇章。

经济建设结硕果

“穷则变,变则通,通则久”。三十多年前,我们站在历史的转折点上,艰难地作出“变”的抉择。从此,政府和老百姓对求富的热切渴望、对贫穷的坚决告别和对现代化的强烈追求, 成为所有人不再动摇的希望。从1978 年到现在,中国在世人瞩目之下,从苦难中奋起、蹒跚、前进,华丽转身……以其不可逆转的姿态向商业社会和工业文明迈进。中国人扬起“改革与创新”的风帆,以前所未有的抉择推动着这个古老的东方大国激荡前行，影响和改变着整个世界。

让世界瞩目

《论语·为政》中说：三十而立。三十多年前，邓小平同志领导中国人民在经济濒临崩溃的边缘选择了改革开放，从此，中国迈向发展与进步、开拓与创新的快车道。三十多年后，中国的经济已经以极为罕见的增长速度跃居世界前列。中国的崛起、前进和繁荣富强，令世界瞩目。生活在这个时代的每一位中国人，共同见证了经济建设的奇迹：国内生产总值由 1978 年的 3446 亿元增长到 2011 年的 42.7 万亿元；反映国家财力的财政收入由 1 千多亿元增加到 10.37 万亿元；代表国境货物总金额的进出口总额从 206 亿美元提高到 3.6 万亿美元；表征国际经济活动能力的外汇储备由 1.67 亿美元飞跃到近 3 万亿美元；反映老百姓财富水平的城乡居民储蓄由人均不到 22 元上升到数万元；还有持续三十多年年均 9.8%左右的经济增长速度……没有什么比统计数字更能清晰地说明我国经济建设的奇迹与辉煌。

向市场挺进

还记得 2004 年的春晚小品《粮票的故事》吗？一位有点痴呆、健忘的老爷爷，喜欢找人聊天、讲故事，总是一遍又一遍地给儿子和孙子讲粮票的故事，虽然毫不新鲜，但是为了让老爷子开心，两人总是装着很兴奋的样子。那些经典的台词："啊，粮票！……多少斤呀？……30 斤！……你们怎么一点都不高兴，爷爷我捡到 30 斤粮票……"现在还在耳边萦绕。演员们幽默、细腻、略带夸张的表演，将三十多年前那个买米买面买布买煤都要凭票的时代演绎得活灵活现。那曾经是一个商品紧缺与计划经济并行的时代。然而，改革开放的春风，吹过农村，吹到城市，从联产承包到产权变革，"泱泱票证大国"逐渐向市场挺进，一开始还"摸着石头过河"的市场化之路也越走越宽。如今，市场化改革终于带来了神奇的效果：山还是那座山，地还是那片地，只是，被市场化之风吹过后，商品魔幻般地丰富起来。人们由"吃饭要粮票，穿衣要布票"的年代迈进了"吃饭要营养，穿衣讲时尚"的新时代。面对如此巨大的变化，翻开尘封已久的票证，怎能不让人感慨万千？在"后票证"时代，粮票、布票已成为收藏品，但是这些小小的老票证，却深刻地记录了中国市场经济发展的历史轨迹。

走新型工业化道路

改革开放三十多年来，我国成功地实现了从“以阶级斗争为纲”到“以经济建设为中心”的转变。曾记否？改革开放之初，面对“特区先行”“首钢改革”，我们迷茫彷徨；面对自己的工业化、现代化道路，我们艰难探索。而如今，城市化滚滚到来，民间经济泉涌般发展，乡镇企业快速发展，这一切极大地吸引了全球的眼光。曾记否？2001 年 12 月 11 日，世贸组织一句“中国，请进”的呼唤令多少国人落泪，中国作为其第 143 个成员国，终于以平等的姿态，冷静的态度真正融入世界经济大潮。而如今，中国以前所未有的速度跃居世界第三大贸易国和全球制造业中心，“中国制造”已成为中国的名片。此外，“联想”“海尔”等民族品牌的高歌猛进，从“神一”到“神九”的飞天圆梦，都是中国工业发展进入新起点的缩影。今天，在科学发展观的指导下，我国正在走新型工业化道路，进行经济结构调整，转变发展方式。

与自然“和好”

三十多年前，国家满目疮痍，一穷二白。在那个挣扎求存的时代，我们“与天斗、与地斗、与自然斗”。而改革开放三十多年来，我们打开了国门，融入了世界体系，在迎来了以资源环境为代价的经济高速发展和增长的同时，也承受着来自国际，尤其是发达国家要求我国更加关注环境保护的压力。于是，中国人检讨西方工业化模式的弊端，试图改变“杀鸡取卵”“竭泽而渔”式的发展思路。立足中国的基本国情，总结中国的发展实践，借鉴国外的发展经验，适应新时代的发展要求，中国提出并坚持“以人为本，全面、协调、可持续”的科学发展观。在科学发展观的指引下，我们有了“资源节约与环境友好”，有了“退耕还草”“退耕还林”，有了“环境评估”，也有了“可持续发展”“和谐发展”……尽管这种关于“人与自然”关系的认识与观念的转变，在经济增长的强势诉求中显得有些软弱无力，但是我们也从中看到了希望，看到了努力，看到了中国正愈来愈以一个负责任的大国的身份，积极地加入国际有关生态环境保护的体系。如今，“绿色”不仅仅只是政治口号与装饰陪衬，更重要的是，它已经越来越深入普通老百姓的生活，成为人们的共识。

政治文明上台阶

在中国这个古老悠久的国家，政治和权力的影响一直深埋于人们心中，影响着人们的思维方式和行事风格。改革开放的序幕，开启了中国特色社会主义的自我创新之路。从此以后，那层以“阶级斗争为纲”的阴云被改革开放的新风吹得四散飘零，那个“密不透风”的时代已经一去不返了。民主的发展，法治的进步，制度的完善，人权的保障，共同描绘了中国政治文明建设的新画卷。中华民族也以更自信和更成熟的心态，积极融入到世界现代政治文明的潮流之中。三十多年的中国特色社会主义政治发展之路上，我们找准了方向，找回了勇气，找到了智慧，也收获了辉煌。

毫无疑问，进入改革开放新时代以来，通过对政治体制改革的不断发展和完善，中国的政治文明建设已经上了一个大台阶。

看党政：从“党政不分”转向“以党领政”

新中国成立后，党的“一元化领导”模式带来政出多门、职责不清等诸多问题。虽然我们的党和国家逐步认识到政党和国家政权机关的性质不同、职能不同，应做到各司其职，但是，这一领域的改革和创新，步履维艰。

从 1978 年至 1986 年，党和国家一直致力于通过健全民主集中制、下放权力等方式来对“党的一元化领导”模式进行制度完善。从 1987 年至 2004 年，以中共十三大为起点，我国又着重尝试了党政分开的改革探索过程。2004 年 9 月，《关于加强党的执政能力的决定》发出了“必须坚持科学执政、民主执政、依法执政，不断完善党的领导方式和执政方式”的声音，并在实践中通过一系列的制度创新过程来体现“以党领政”这一党政关系深刻转型的新型执政理念。这一中国特色的以党领政的制度创新过程，正在实践中接受进一步的检验和完善。

党政分开：党政职能分开，其核心原则主要体现在确立了党应当在宪法和法律的范围内活动、党的领导是政治领导等基本政治准则，并在实践中对党组织和国家政权的职能，以及党组织与人民代表大会、政府、司法机关、群众团体、企事业单位和其他各种社会组织之间的关系进行了初步的制度化厘定。

以党领政有三个内涵：一是执政党的指导思想以法定化途径转化为指导国家与社会发展的行动指南与根本目标；二是建构坚持党的领导、人民当家做主、依法治国有机统一的新型制度架构；三是建构基于从个人理性到集体理性转变的政治决策新机制以及基于现代人力资源管理理念的人力资源配置新机制。

“找法官”：从“人治”转向“法治”

“法大”还是“人大”？这是一个古老的、承载着沉重历史内涵的话题。过去的中国，人的权力是天赋的、万能的、不可超越的，以权力为基础的“人治”始终伴随着人们的生活。然而，改革开放三十多年，法律在社会生活中扮演的角色越来越重要，人们解决问题的方式逐渐由“找长官”转向“找法官”。总的来讲，从改革开放初到现阶段，我国法治建设取得的成就是巨大的：

中国特色社会主义法律体系基本形成，社会主义市场经济法律制度逐步建立；

社会主义法治理念得到确立，人民民主法律制度日益完善，人权得到有力保障；

依法治国成为党领导人民治理国家的基本方略，依法执政成为中国共产党执政的基本方式，依法行政成为各级人民政府的基本准则，公平正义成为各级司法机关的基本准绳；

促进科学发展与社会和谐的法治环境不断改善，政治社会秩序稳定，公务员和社会公众的法治意识明显提高，法治社会建设成效显著。

议国事:从"一元"转向"多元"

改革开放三十多年的民主发展史是我国政治变迁的一个侧面反映。今天中国的政治领域,言论更加自由,政治更加开明,民主的步子越来越大,政治参与的范围越来越广。

邓小平同志曾经说,"旧中国留给我们的,封建专制传统比较多,民主法制传统很少",所以,改革开放以前,中国的民主主要是停留在精神层面,没有深入到民间社会和老百姓的内心,民主参与也只是单一的"被动"式。然而,改革、创新的时代呼唤出了"民主的新风",无论是民主的制度还是观念,都发生了质的转变。公民听政制度,让人民"听"国事;公民选举制度,让人民"议"国事;公民监督举报制度,让人民"管"国事;围绕"基层创新实践"展开的基层民主制度,让农民们实现了"自我管理"与"自主发展",在确保农民当家做主方面取得了实质性的成效。中国人在切实地进行着"民主操练",享受着民主成果。这在三十多年前是不可想象的。

享人权:从"人的挣扎"转向"人的解放"

尊重和保障人权是党和国家长期追求并为之奋斗的理想和目标。拥有14亿人口的中国,在改革开放三十多年的时间内,结合人权的普遍性与中国实际情况,继承和发扬中华民族优秀的文化传统,借鉴世界其他国家的人权发展经验,走出了一条真正属于中国人民的人权发展道路,促进了中国的人权事业进步,也为世界人权事业的发展作出了杰出贡献。

改革开放以来,我国实现了由"温饱不足,挣扎在贫困线"到"整体小康,自由谋发展"的历史性飞跃,让中国人民的首要人权得到了最基本的保障。国家民主政治的发展和社会自由空间的增加,让老百姓的政治权利得到了更多更真实地实现。户籍制度的放松和职业选择的自由,让越来越多的中国劳动者在自己喜欢的地方和岗位创造着幸福的生活。汶川地震的灾难与挑战,北京奥运会、残奥会的成功与辉煌,都昭示了中国政府珍重生命、维护人权的价值追求,彰显了改革开放三十多年来中国人权的历史性进步。所以说,改革开放的三十多年,是我国人权发展不平凡的三十多年。中国人由肉体的解放、居住地的解放、权力的解放到思想的解放,直到现在变成以人为本的科学发展,这三十多年以来,“人”在中国一步一步被尊重,被大写。

社会事业大发展

改革开放三十多年,中国社会发生了翻天覆地的变化,餐桌变丰盛了,衣着变漂亮了,道路变宽阔了,上学变容易了,就业变自由了,养老有保障了,就连生病住院也开始享受政府补贴了。这些变化,一直在人们身边悄悄地进行着。如果用历史的眼光来审视,用火热的“中国心”来感受这三十多年来的中国社会的变化,这一切堪称是一场史无前例的大变革、大创新。这是时代呼唤出的精神和斗志,正是它,让中国实实在在地走上了西方工业国家历时数百年的市场化进程,只是走过这段路,中国仅仅用了三十多年!

成才之路多宽广

1977年的冬天,春意涌动。在邓小平的亲切关怀和大力支持下,中国恢复了停滞10年的高考。中国人沉积多年的求知热情如火山喷发,许多人的命运也因此发生了变化。经历了十年浩劫的中国,重新迎来了尊重知识、尊重人才的春天。如今,三十多年过去了,邓小平当年作出的决策,其意义早已超出高考本身。教育事业通过改革、发展、探索、创新,取得了巨大的成就,更是让一代代中国人明白:教育不仅能够改变一个人的命运,更能改变一个国家的命运,一个民族的命运。教育是一个民族最根本的事业。教育是未来,也是希望。

“教育要面向现代化,面向世界,面向未来”。在新时期党的教育方针和教育改革思想指导下,我国改革了办学体制、管理体制、投入机制、招生制度,对教育内容和方式进行了多方位探索,促使我国教育体制改革不断成熟和完善。我国实施“科教兴国”战略和“人才强国”战略,优先发展教育,完善中国特色社会主义现代教育体系,为国家现代化建设和创新型国家建设培养、储备了大量人才;我国实施“希望工程”和“远程教育”,满足了农村贫困地区教育事业发展的客观要求和广大失学儿童求知的迫切愿望,丰富了一亿多中西部农村中小学生的精神世界。

三十多年来,全党全社会同心同德,艰苦奋斗,开辟了具有中国特色的社会主义教育发展道路,建成了世界最大规模的教育体系,保障了亿万人民群众受教育的权利。我们相信,随着教育改革、创新的不断推进,随着《国家中长期教育改革和发展规划纲要(2010—2020年)》的贯彻落实,到2020年,我国教育改革和发展"基本实现教育现代化,基本形成学习型社会,进入人力资源强国行列"的战略目标一定能够实现。

就业天地新气象

中国是一个大国,也是一个有着悠久历史的文明古国。近现代的落后,给国人留下了长久的伤痛。然而,改革开放三十多年,中国人不断摸索爬行,创新又前进,终于重新走上了崛起之路,重新显现历史的辉煌。但是,繁荣与挑战并存,辉煌与难题同在。面对改革"攻坚期",面对就业"低潮位",很多人迷茫了,他们将自己的目光投向了曾经的"公平"和"分配工作"的时代,他们将成就留给历史,将问题推给现实。

事实上,这样的想法忽略了一个最根本的问题,那就是我们在就业上的成绩和希望,在僵化、"统配"的计划就业体制上浴火重生后所迸发出的活力。

三十多年前,我国勇敢地打破"铁饭碗",促使就业体制从"统包统配"走向市场调节。而如今,我们的就业方式早已呈现多样化,就业结构得到优化和提升。"劳动者自主择业、市场调节就业、政府促进就业"的模式已经实现。就业渠道多元化,就业形式灵活化,市场机制在人力资源配置中的基础性作用越来越明显。三十多年前,我们"包分配""吃皇粮",甚至限制个体私营经济的发展。而如今,我们充分借鉴国际经验,积极鼓励创业和自谋职业,制定实施了具有中国特色的就业政策,税费减免、小额贷款、社保补贴、就业援助、主辅分离、就业服务、职业培训、失业调控、财政投入、社会保障等10项措施,暖了民心,繁荣了就业市场,增强了创业活力。

劳动力市场的改革和创新,有成就,有辉煌,也有困难。目前,严峻的就业形势依然困扰着我们。高校毕业生"就业难"与中小企业"用工荒"存在矛盾;高等教育大众化与农村孩子"上学贵"的局面并存。但是,"阳光总在风雨后”,我们始终要相信,我国劳动力市场会日益成熟和完善,越来越多的劳动者会走上工作岗位,并在自己的岗位上创造幸福的生活和灿烂的未来。

社会保障初形成

社会保障事业是直接关系民生的大事业。完善的社会保障体系,是人民生活的“安全网”、社会运行的“稳定器”和收入分配的“调节器”,也是维护社会稳定和国家长治久安的重要保障。

回眸中国三十多年的民生制度变迁，社会保障制度的改革和创新承担着这一变迁中的主要角色,肩负着消减社会矛盾,维护社会稳定、巩固社会和谐的历史使命。时至今日,这一事业已经取得了较好的成绩和阶段性的胜利,社会保障体系已经初步形成,社会保障制度开始走上正轨。

三十多年来,我们坚持将解决历史遗留问题与建立长效机制结合起来,试点先行,逐步完善,广泛推进。在这样的努力下,截至目前,我们的社会保障制度体系框架已基本形成,制度转型也初步完成:成功地实现了在制度主体上从“企业保障”向“社会保障”的转变;创造性地建立了在制度模式上的“统账结合”形式;实践了在筹资机制上由“国家单一责任”向“国家、企业、个人三方责任共担”的转型;建立了在保障层次上的以“社会保险、社会救助、社会福利”为基础,以“基本养老、基本医疗和最低生活保障”为重点,以“慈善事业、商业保险”为补充的多层次社会保障体系,较好地满足了老百姓多样化的社会保障需求。

三十多年来,我们致力于建立覆盖城乡居民的社会保障事业,践行着建立覆盖全民的社会保障体系的庄严承诺。社会保险覆盖范围不断扩大,待遇水平稳步提高,越来越多的老百姓享受到了改革创新的成果。除此之外,农村社会保障制度也蓬勃生长起来,虽然起步较晚,面临的困难也较多,但是,这项前无古人的事业却前进迅速,农村社会养老保险制度、救助制度和最低生活保障制度已全面铺开,“老来难”“养儿防老”的时代将一去不返。

多年的探索,多年的创新,使与社会主义市场经济体制相适应的社会保障制度加快推进,覆盖城乡居民的社会保障体系也已初步形成。这是中国老百姓的福音。但是,一个拥有十几亿人口的大国要彻底实现全民保障,需要更多的智慧、更多的努力,也有更长的路要走。

健康之“梦”不遥远

健康是人类生存与发展的基础。医疗卫生事业是关系亿万人民健康和千家万户幸福的事业。改革开放三十多年,我国以“实现好、维护好、发展好人民群众的健康权益”为出发点,解放思想,探索创新;以“放权让利、扩大自主权和分配制度改革”为主要手段,提供服务,扩大供给;很好地缓解了“看病难、住院难、手术难”等突出矛盾,在卫生事业的改革和创新领域取得了令人瞩目的成就。

居民健康水平已经改善。三十多年的足迹,我国的人均寿命大幅提高,孕产妇、婴儿死亡率急速下降,国民健康指标已达到中高收入国家的平均水平,这些,都赢得了国际社会的认可。我国加强疾病预防控制工作,成功挑战非典病毒,积极关怀救助艾滋病人,有效控制预防地方疾病。这些,也赢得了国际社会的尊重。

卫生服务体系正在健全。经过三十多年的努力,我国各类医疗卫生机构、医院床位总数、医疗卫生工作人员均成倍增加。卫生服务能力增强了,老百姓看病的治愈率提高了,两万个城乡基层医疗卫生机构在新建和改扩建中,公立医院改革试点也在稳步展开中。

医疗保险体系初步建立。三十多年来,城镇居民基本医疗保险已经在部分城市进行试点,新型农村合作医疗制度已覆盖全国所有农村县(市、区),多层次医疗保障制度为我国城乡居民提供了安全保障,服了“定心丸”。

俗话说:“小康不小康,首先看健康。”随着老百姓“看病难看病贵”的呼声越来越高,一场深入的医疗改革和创新已迫在眉睫。这是时代的要求。2012年全国“两会”,人大代表建议全国医改实行全民医保,或许这是中国医改的治本之策,但是,就目前来看,这个良好的愿望要实现,还需要有一个合理的、长期的“时间表”。

文化繁荣兴未艾

打开尘封的回忆录，将三十多年的记忆缓慢转动，让我们从 1978 年十一届三中全会一直看到现在，那将会是怎样的心情：感动？激动？还是惊叹？喜悦？或是百感交集？虽然这些心情我们很难用一句话、一个词表达，但是我们真切地看到了生活的改变，只是这些改变，不只表现在银行存款的数额，也不只表现在城市的面积和建筑的高度，更深刻地表现在我们的社会主义精神文明建设和社会主义先进文化建设中。

思想道德：一路成长

思想道德建设是社会主义精神文明建设的重要内容和中心环节。改革开放三十多年，我国从"社会主义精神文明建设"概念的提出到"五讲四美"，从《公民道德建设实施纲要》的制定和实施到"八荣八耻"，从"建设社会主义文化强国"的总体要求到"学习雷锋好榜样"。三十多年的努力，已促使我国社会主义思想道德体系的基本框架初步形成，全社会迸发出积极健康、奋发向上、锐意改革、开拓创新的态势，崇尚先进、学习美德也蔚然成风，追求科学、文明、健康的生活方式和热爱生活、造福后代的人生价值更成为一种"时尚"。可见，我国思想道德状况的主流是健康向上的，社会道德风尚是日趋良好的，老百姓焕发出更加昂扬向上的精神风貌。

科教文体：一路迈进

"科学技术是第一生产力"，"科教兴国"已成共识。遵循这一原则和理念，我国人民开拓创新，向世界展示了我国改革开放以来的崭新形象。

——一个名字。袁隆平，一个属于中国，也属于世界的名字。他经过 12 年的努力，成功培育出了"三系杂交稻"，发起了"第二次绿色革命"，为解决世界粮食短缺问题作出了贡献，给整个人类带来了福音。这是改革创新大背景下中国的辉煌和成绩。

——一种文化。航天文化，"勇于登攀、敢于超越、奉献协作"的文化内涵和新时代"以国家利益为最高利益，以人民需要为最高需要"的精神实质,促使航天技术实现跨越式发展,取得了举世瞩目的辉煌成就。“神舟之路”让国人震撼,“中国速度”更让世界震惊。航天人用自己的行动印证了改革是决定当代中国命运的关键抉择;而创新,是时代赋予我们深化改革的精神内涵。

——一种精神。2008年,百年梦圆。北京奥运盛宴以其特有的魅力和巨大的感召力,激荡着中华儿女的心,宣告着中国改革开放的业绩。“为国争光”的爱国精神,“艰苦奋斗”的奉献精神,“勇攀高峰”的创新精神,“团结协作”的团队精神共同铸造了北京奥运精神。在这一精神的引领下,中国人勇于攻坚,敢于创新,点亮中国智慧,引来世界喝彩,使北京奥运成为尽展我国改革成就和创新实力的窗口。

民生文化:一路关怀

改革开放以来,我国坚持不懈地推进文化体制改革,创新文化发展理念,推动文化事业和文化产业的繁荣与健康发展,提高人民基本文化权益的保障水平。公共图书馆,免费博物馆、纪念馆等文化活动场所、“农家书屋”“农家大院借阅点”等文化惠民工程、“送演出、送电影、送图书、送展览下乡”等惠民活动、“广播电视村村通”等文化“民心工程”,已成为民生文化发展的符号。一路走来,我国将“民生文化”这篇文章做得越来越好,已让民生文化惠及千家万户。

大众文化:一路行进

三十多年前,我国从封闭和压抑的文化环境中勇敢走出,摒弃了“文革”时激进、刻板的意识形态,寻求一种快乐轻松、贴近生活的大众文化。在国家对民众文化发展的支持和包容下,第一个广告、第一首流行歌曲、第一个让大众痴迷的偶像纷纷出现……这股大众文化潮流,以前所未有的面貌呈现在人们面前。而春晚,正是体现这种变化发展的最佳舞台。春晚,也正是在这样的背景和环境中,以其开创新潮的魄力打破了诸多束缚,唤起了大众文化的觉醒。

如今,作为大众文化主要符号之一的春晚也走过了将近三十年。这期间,我们开唱通俗歌曲,我们促使相声、小品等文化形式“登上大雅之堂”,我们邀请港台明星,我们宣扬网络文化……这期间,有喝彩声,有批判声,有不满的抱怨,也有合理的建议……但无论如何,春晚发展史的背后,都是对大众文化趋势的把握和顺应,都是对社会主流文化的尊重与宣导。

如今,电视剧种类也日益丰富,好莱坞大片的地位依然无法撼动,广告也成为我们生活中如影随形的伙伴。这些大众文化的符号,时时刻刻与你我相关。这场持续了三十多年的大众文化变迁,依然在继续地行进。

文化是民族的血脉,是人民的精神家园。“推动社会主义文化大繁荣大发展”,这是十七届六中全会发出的响亮声音。这个声音,正在引领我们走在“打造文化精品力作,推动文化产业走向世界”以及“塑造以爱国主义为核心的民族精神和以改革创新为核心的时代精神”的大路上。文化建设方兴未艾,我们依然在努力,在进步。

回望中国三十多年的奋斗历程,我们会产生一种波澜壮阔的历史感。在这不屈不挠奋斗的三十多年中,改革开放成就瞩目,开拓创新一路向前。但中国的现代文明转型远未大功告成。与三十多年前实行经济改革相比,中国今天所面临的经济、政治、社会和文化改革的任务,更为复杂艰巨。唯有迎难而上,锐意变革,中国奔向文明富裕的脚步才不会停滞,中国特色社会主义现代化建设事业才能取得更大辉煌,中华民族的复兴才能最后成功。

前民主德国驻华大使贝特霍尔德:中国自从1978年十一届三中全会确定改革开放方针以来,所取得的成就是举世瞩目的,我作为中国的朋友和同志为此感到由衷的高兴,并希望中国同志在社会主义建设过程中不断取得更大胜利。

加拿大《环球邮报》:“雄心勃勃、实力雄厚、烦躁不安、准备迎接、中国世纪”

歌德学院(中国)院长阿克曼(Michael Kahn-Ackermann):中国改革开放30年的成就是毫无疑问的。但是中国的进步是不平衡的,经济上已经取得了成功,而文化的成功还在于未来。

英国驻华大使馆政务参赞魏磊 (Peter Wilson):和30年前相比,中国变得更加吸引外国人,同时,中国面临的国际环境也更加友善。

敢为天下先
——时代精神的生动典范

时代精神不是从天上掉下来的,也不是个人独创的,更不是政治家“权力意志”的结果,它是一种集体意念和理性,是无数个体精神提炼与升华的结果,是人类最高贵、最有价值的精神财富。因此,时代精神是时代的造化,是时代孕育出来的最美丽的花朵。这朵最美丽的花朵,包含了无数人的辛勤汗水和智慧。有人为她育种,有人为她耕种,有人为她施肥,有人为她浇水,有人为她养护。当代中国以改革创新为核心的时代精神,作为中华民族共享的精神财富,既不是天生的,也不是个别伟大人物、英雄人物创造的,她是中华民族在改革开放的时代大背景下,由千千万万中华好儿女共同孕育出来的。回顾改革开放三十多年的历程,正是牵动改革创新的一个个身影,一件件小事,一个个故事,一个个场面,汇聚起历史的大潮,滚滚向前。我们不会忘记他们的感人事迹,不会忘记他们的创业艰辛,更不会忘记凝结在他们内心深处的时代精神。

小岗村的“契约”

今天,在中国革命博物馆中,一份著名的“契约”静静地躺在那里。在早已泛黄斑驳的纸张上,记载的却是一场动人心魄的改革开放史。

时光回溯到1978年,让我们回到这份“契约”签订的地方——小岗村。

改革开放之前，安徽凤阳流传着这样一句歌谣："说凤阳，道凤阳，凤阳本是好地方，自从出了朱皇帝，十年倒有九年荒。"现实确实如此，当时安徽最穷的地方是凤阳，而凤阳最穷的地方，就是小岗村。那时候，小岗人穷得就像岗地上的石头，光溜溜的。"穷则思变"，正如毛泽东所说，一场变革就孕育在这极穷极困之中。

"我们最大的试验是经济体制的改革。改革先从农村开始，农村见了成效，我们才有勇气进行城市的改革。"邓小平在1985年这样说道。中国的改革开放，走的是一条"农村包围城市"的道路，而这三十多年伟大的改革历程的历史起点，却发生在了这样一个毫不起眼的地方——小岗村。

1978年，一场百年不遇的大旱降临在安徽大地。时任安徽省委书记的万里哽咽而坚定地说道："我们必须改弦更张，我们要用新的政策、新的办法来调动农民的积极性。"

"改弦更张！"这一句话犹如一声春雷，响彻了安徽大地，也正是在这声春雷下，才有了小岗村的那份"契约"。

怎么搞好明春的生产？小岗村的村民聚集在一起讨论着。大家一致认为，要想有粮吃，有粮存，就必须分开干，分田到户肯定要比把大家捆在一起好。分田到户，这在当时可不是闹着玩的，是要碰"高压线"的，出了事，谁负责？正当大家陷入沉寂之时，有人提议，大家签订一份契约，契约里加上这么一条："要是干部因此落罪，大家就一起抚养他们家的孩子到十八岁。"

就这样，以"托孤"的方式，小岗村的十八位村民在这份契约上按下了自己的手印，没想到，这一按，却按出了中国农村改革的第一份宣言，按出了自力更生、奋发图强、实事求是、敢为人先、突破创新的"小岗村精神"，按出了中国农村改革的第一村！

小岗村实行"大包干"的事情很快传到了上面，然而出乎十八位"托孤"壮士意料的是，上级领导不但没有处分他们，还充分肯定了这种做法。1979年6月，万里来到了凤阳，这时，"凤阳十年倒有九年荒"的民谣已很少有人想起，取而代之的是一个新的民谣："大包干，就是好，干部群众都想搞，只要搞上三五年，吃陈粮，烧杂草，个人集体都能富，国家还要盖粮库。"万里听到这个民谣时，笑着说道："那好，我就批准你们干三五年！”

万里说批准大家干三五年，或许连他自己也没有想到，“大包干”一干就是三十年，一干就干到了近五千万人口的安徽所有地区。而随后，以“家庭联产承包责任制”命名的中国农村改革如同星火燎原一般迅速发展，改革的春风吹遍了全国，中国农村改革也因此而取得了举世瞩目的变化。

小岗村，这个改革开放的第一村，拉开了农村改革开放的序幕，在改革开放历史中，书写下了浓墨重彩的一笔。而也正是小岗村人的探索，使中国农村从此走上了一条康庄大道，小岗村精神将永远铭记在每一个敢为天下先的人心中！

今天，我们回首望去，小岗村的感人事例依然鲜活，我们不得不感叹：人民，只有人民，才是历史的创造者！蕴含在人民群众中的改革创新精神，是推动历史车轮滚滚向前的巨大动力！实践一再证明，广大人民群众发挥自己的聪明才智，不断改革创新，是中国改革开放三十多年来中国社会发展进步的最重要推动力。

小渔村的巨变

南国春早。1979 年的春天，一位老人，在中国的南海边画下了一个圈。虽时值早春，料峭的春寒却早已消散。深圳，这个被老人取名叫“特区”的地方，正开始了翻天覆地的变化。

1978 年，党召开了具有历史意义的十一届三中全会。会议的召开，拉开了伟大改革开放的序幕。而深圳，正是这序幕拉开后的第一道风景。

缝缝补补的渔网，低矮欲倾的村舍，风雨飘摇的渔船，这就是 1979 年前的深圳，一个普通的不能再普通的渔村。正是因为党的改革开放政策，改变了这个边陲渔村的命运。改革开放的历史序幕拉开之后，广东就提出要“先行一步”的想法。敢为天下先，这是改革开放精神的要求，而全国上下解放思想行动的开展，也给了广东实现“天下先”壮举的魄力和勇气。

能不能画出一块地方来搞实验，将外国的先进东西和理念引入进来，探索一条符合中国发展的道路？这个问题牵动着中央领导的心。1979

年，邓小平给出了答案：能！这个回答，无疑振奋了所有人的士气。深圳，这个被邓小平“在南海边上画出的一个圈”，由此被推上了改革开放历史的最前沿。

“就叫特区嘛，过去陕甘宁边区就是特区”。特区的使命，不仅仅是要将经济搞上去，更是要搞好改革，探索出一条新的道路来。就这样，邓小平给深圳赋予了新的历史使命。曾任特区市委书记的李灏回忆说：“我来深圳之前，中央的领导同志曾经找我谈话，说深圳就这么点地方，中央不想你上交什么钱，也不是要创多大的出口，最重要的是你将来要搞好改革，要能走出一条新路子出来。”

深圳，没有辜负身为特区的历史使命。在当时中国计划经济盛行的时代，深圳喊出了“以市场为导向”的口号，打出了“时间就是金钱，效率就是生命”的标语。身为探索者的深圳，在没有任何历史经验的条件下，摸着石头过河，留下了许许多多个第一，引领起全国发展的热潮：中国第一家面向社会公众公开发行股票并上市的商业银行、中国进出口贸易总额稳居第一位、中国首批引进美国商业合作伙伴。一个个第一，昭示着它正以前所未有的“深圳速度”向前迈进，而改革也正一步步深入人心。

然而，20世纪80年代末90年代初，随着深圳的发展，各种非议也接踵而至。姓“资”不姓“社”，深圳被一些人看成了“怪胎”。市场经济的发展给深圳带来了巨大的变化，但也成为了许多人责难的由头。搞计划经济就是社会主义，搞市场经济就是资本主义，这是当时很多人的想法。深圳的发展受到了质疑。当时中国的改革进入敏感、关键时期，一场席卷全国的大讨论已经展开，深圳作为改革的探索者，无疑成为了讨论的焦点。

鹏城春早。1992年，又是一个春天，改革开放的总设计师邓小平又一次来到了深圳，“市场也可以为社会主义服务”“计划多一点还是市场多一点，不是社会主义与资本主义的本质区别”，老人睿智的话语给这场争论画上了句号。随着后来“三个有利于”的提出，这场争论正式结束了。深圳早春的天空，浓雾已然消散。

“深圳的重要经验就是敢闯。没有一点闯的精神，没有一点‘冒’的精神，没有一股气呀、劲呀，就走不出一条好路，走不出一条新路，就干不出新的事业。”邓小平在“南方谈话”中充分肯定了深圳这种“敢闯”的精神，并鼓励深圳继续“闯”下去。

今天的深圳,经过三十多年改革开放、创新创业,已经由当初的小渔村变为了一座国际化的现代大都市。深圳的发展,是改革开放以来中国发展的缩影。作为时代的先行者,深圳给今天的中国留下了许多启示。这就是改革、开放、创新、发展。如果一定要总结为一句话,那就是立在深圳深蓝大道上那副邓小平巨像下那坚定的誓言:“坚持党的基本路线一百年不动摇”!

资料链接

今日深圳

2008 年 12 月 7 日, 深圳被联合国教科文组织全球创意城市网络认定为“设计之都”,成为中国首个获此殊荣的城市。

2010 年 8 月 26 日是深圳特区建立 30 周年的日子,而且深圳成功举办了 2011 年第 26 届世界大学生运动会, 是我国继北京奥运、上海世博、广州亚运之后的又一大盛事。

2011 年深圳 GDP 总量位居大陆第四(上海、北京、广州位列前三),中国社会科学院发布的《2011 年中国城市竞争力蓝皮书:中国城市竞争力报告》蓝皮书中指出,深圳在国内城市中仅次于香港、上海、北京位列第四。

据初步预计,2011 年, 深圳全市地区生产总值突破万亿元大关,达 11502.06 亿元,同比增长超过 10%,继续位居全国大中城市第四位,人均 GDP 为 1.8 万美元。其中,规模以上工业增加值突破 5000 亿元,达到 5150 亿元,增长 12.5%。

浦东的崛起

六十年前,很少有人会知道浦东这个名字,它只是站在上海外滩能够远远看到的一片农田菜地;二十多年前,浦东成为了开发、开放的龙头,全世界的目光都聚集在浦东这片土地上,她也成了那个时期中国开发开放的重点,引领了长三角和长江流域经济的飞跃发展;而今,浦东正以其国际化的视野迈向第二次飞跃,并不断调整着自己在改革开放中的历史方位,向国际航运中心和国际贸易中心的目标而奋斗。

一条黄浦江,将上海分为了东西两个部分。在开发、开放之前,与有着无数光环的浦西相比,浦东在上海人心中的地位曾一度跌落到了谷底。上海人这样说道:“宁要浦西一张床,不要浦东一套房。”然而,就是这样一个被自己人都看低的地方,却在中国改革开放的历史上大放异彩。

新中国成立之后,上海成为了中国工业的生产基地,担任起了新中国发展的排头兵角色,然而到20世纪80年代,由于浦西土地资源极度紧缺,加之连年的投资不足,使得上海的发展显得后劲不足,这就为浦东的发展提供了良好的契机。浦东紧紧抓住了改革开放的脉搏,迎来了自己发展的春天。

1990年初,改革开放的总设计师邓小平在视察上海时说道:“浦东开发,不是上海一个地方的事,它可以带动长江三角洲和长江流域的发展,所以是全国的事。”此后不久,1990年4月18日,时任国务院总理的李鹏同志代表党中央、国务院在上海宣布:“中共中央、国务院同意上海市加快浦东地区的开发,在浦东实行经济技术开发区和某些经济特区的政策。”自此,浦东正式扬起了改革的风帆,踏上了改革开放、创业创新的伟大历程。

举全国之力,促浦东腾飞。为促进浦东开发开放,中央部委制定了一系列的综合配套改革措施。“外汇九条”“质检十四条”“海关八条”等具体措施的落实,给浦东腾飞插上了翅膀,为改革深化增添着动力。

随着开发开放的深入展开,一个个“第一”在浦东这片热土上落地生根:首个保税区、首批中外合资外贸公司、首批国内跨地区的外贸子公司、首批外资银行。这些充分展示了浦东从一开始就着眼于国际视野,立足于国际战略,致力于深化改革开放的定位。

依托于上海的技术、人才和地理优势,浦东用开放的眼光和广阔的胸怀迎接着经济全球化时代的到来。抓住全球化的机遇,浦东实现了由向港澳台投资为主到面向全世界主动承接国际产业的跨越,这为浦东迈向更高的台阶提供了坚实的基础。浦东正是沿着国际化的道路,走出了一条具有上海特色、中国特色的现代化之路。

“开发浦东,振兴上海,服务全国,面向世界”,这是浦东人的口号,担任着改革开放排头兵重任的浦东,深知自己的责任之重。今天的浦东不负众望。昨天“烂泥堵路”的陆家嘴,如今是金融贸易企业的聚集区,成为世界著名的“金融区”;昔日野草蔓延的旷地,如今是全国第一、全球第五的航空物流基地浦东机场。今天的浦东,向着外滩的方向望去,不再只是一个上海,而是整个世界。

二十年,沧海未涸,桑田犹在,但在浦东片土地上,却发生了沧海桑田般的巨变。这是时代的杰作,改革创新的典范!

航天人的梦想

“十、九、八、七、六、五、四、三、二、一,点火,起飞!”

一提到航天,相信大多数人脑海中首先浮现出的就是这个读秒的画面,随着指挥员倒数十秒,点火,起飞,一架火箭飞船腾空而起,直上云霄。

自从 1956 年我国开始发展航天业,至今已近 60 年。1956 年,著名科学家钱学森向中央提出《建立中国国防航空工业的意见》。同年 4 月,中华人民共和国航空工业委员会成立,聂荣臻任主任,黄克诚、赵尔陆任副主任,它的成立标志着中国航天业的开端。

今天的中国航天,正经历着一个黄金的时代,越来越多的目光聚焦在了她的身上,而她也用一个个令人骄傲的成绩回报着党中央的关切,回报着华夏儿女的殷殷期盼。

中国航天事业所取得的辉煌,是改革创新精神的真实写照。让我们通过以下片段来回顾中国航天事业的轨迹。

*一个梦想。*六十载,多少年华逝去,一批批科学家终其一生,为实现航天梦而默默奋斗,只因他们心中都有一个共同的梦想——为中国航天崛起而奋斗,为中华崛起而奋斗。

*“两弹一星”。*两弹一星是 20 世纪 50 年代,面对复杂多变的国际形势,以毛泽东同志为核心的第一代党中央领导集体提出的一项计划,要求中国依靠自己的力量掌握核技术和空间技术。在这个计划的号召下,一大批科学家备受鼓舞,立志报国,纷纷从世界各地投入到了祖国的怀抱,这其中,就包括“三钱”、邓稼先、赵九章等著名科学家。中国航天的发展受益于“两弹一星”计划,而“两弹一星”计划的实施,也标志着中华民族踏

上了复兴、发达之路。

*五八一小组。*关于“五八一小组”，今天可能很少有人知道这个名字，而在中国航天初创的1958年，正是由钱学森、赵九章等先驱发起建立了这样一个小组，吹响了航天技术发展的号角，由他组建的这三个设计院，后来也成为了中国航天的中坚力量。

*四大基地。*今天，我国已经建成四大卫星发射基地，分别是酒泉、西昌、太原、文昌四大卫星发射中心。已经有数以千计的卫星和火箭从这里升空，每一个卫星发射基地，都是一部磅礴的中国航天史，无数的航天梦想，在这里升空。

*七勇士。*杨利伟、费俊龙、聂海胜、翟志刚、吴杰、刘伯明、景海鹏，这些名字将会永远刻在中国航天史的荣誉簿上，而我们坚信，这个名单，会越来越长。从杨利伟成为第一个进入太空的中国人，到翟志刚完成第一次太空行走，再到景海鹏等人的薪火相传，中国航天，正迈向更加辉煌的明天。

*八大技术。*提到中国航天，你可能会说神舟飞船，或者天宫一号，但是你是否知道，其实中国航天不只是这些，它拥有世界一流的八大技术类型，分别是：科学探测与技术试验卫星、气象卫星、对地观测卫星、通信广播卫星、定位卫星、运载火箭、载人航天空间站月球探测、火星探测。正是这些技术，挺起了中国航天事业的脊梁。这也是中国航空航天人以自强不息、开拓进取、勇攀高峰精神所取得的辉煌成就。

*神舟系列飞船。*神舟系列飞船，是我国自行研制的，具有完全知识产权的飞船。从一号载人航天的第一次飞行试验到五号杨利伟震撼人心的飞行，可以说，神舟系列飞船是中国航天的一个缩影，从探索到试验，再到成功，神舟飞船成为中国航天的标志。

*三大里程碑。*第一里程碑：从中国“东方红”一号飞向太空，标志着我国能够发射任何地球轨道的航天器；第二里程碑：“神舟五号”载人飞船升空实现人上天，完成了中华民族的千年飞天梦想；第三里程碑：探月卫星“嫦娥一号”发射，实现以月球探测为代表的深空探测。在六十年中国航天史上，无数动人心魄的瞬间早已变成了永恒。而航天史上的三大里程碑更是记载着属于中国航天的骄傲！当我们今天细数着三大里程碑的时候，我们相信，就在我们细数的同时，会有更多的里程碑树立起来！

*载人航天精神。*在航天人日夜为祖国航天事业奋斗的过程中，形成了"特别能吃苦、特别能战斗、特别能攻关、特别能奉献"的载人航天精神。这种精神，是航天人精神品质的凝练，也是华夏儿女优秀品质的升华。一代代人的奉献和付出，铸就了今天的中国航天，也铸就了航天精神，中华儿女要紧紧铭记这种精神，去铸造时代的最强音！

海尔：质量第一

砸！随着一声令下，人们将手中的铁锤无情地砸向崭新的电冰箱。这是在干什么？

让我们将时光定位到1985年，某冰箱厂厂长手中拿着一封信，心里怎么也平静不下来，他的脸色很难看，像是十分气恼。没有人知道这是为什么，只有他自己知道，原因很简单，就是那封投诉信。

他手中的这封信，如同一盆冷水泼在了自己身上。信的内容是投诉该厂冰箱质量问题。怎么办？厂长思索着，然而接下来他所做的事，却是大家都无法想象的。

"召集全体员工，到展室开会，对了，把那些质量不合格的冰箱也全部搬到展室。"厂长沉沉地说。"这不生产，到这开什么会啊？""这些冰箱怎么在这？"不一会，员工们都到齐了，纷纷议论着。

正在大家议论的时候，厂长出现了，手中似乎还拎着什么东西。"锤头，拎锤头干什么？"议论声又起。

"这些都是质量不合格的冰箱，质量上就差这么一点点，可就是这一点点，却总也引不起我们的重视！这些不合格的冰箱是最近半个月生产的，占我们半个月产量的百分之四十还要多！同样的生产线，同样的零部件，在外国人手里做出的都是合格品，为什么到了我们手里就弄成这个样子？今天我要当着大家的面，把这些冰箱全部砸了！"厂长说道，情绪也愈发激动，就要拎起大锤。

员工们炸开了锅。"疯了，疯了！"这是大家此刻唯一能想到的解释厂长行为的理由。"不能砸！""这一台冰箱可是我们两年的收入啊！""我们自己出钱买了吧，不能砸，这可是我们的血汗啊！""不能砸啊，我们心疼啊！"员工们向厂长喊道。

“你心疼！难道我就不心疼？几个月了，大家没日没夜地干，这些冰箱不就像我们的孩子一样吗？可是，既然是我们的孩子，我们是怎么对待它们的？把它造成这样，难道就不心疼？这么多年来，中国制造一直被人看不起，认为中国制造就是廉价、质量差的代名词！我们懒惰和不负责任、不重视质量，也难怪外国人看不起我们……从今往后，我们厂没有一等品、二等品，只有正品和废品！不把这些废品全砸了，我们就不能面对中国人！只有砸得大伙儿心疼，才能长记性！都过来，干部带头，砸！”

后来的故事大家都知道了，这个砸冰箱的厂长就是张瑞敏，而这个冰箱厂，就是今天的全球知名品牌——海尔。

如果问张瑞敏这样一个问题：“是什么让海尔从一个濒临倒闭的破厂发展到今天成为世界500强企业？”张瑞敏肯定会说：“是质量，质量第一！”这不仅是张瑞敏给出的答案，也是今天全世界对海尔的认同。

1985年，改革开放正热火朝天，全国经济工作会议在天津举行。会议提出，1985年要紧紧围绕增强企业活力，进一步提高经济效益展开工作。要采取加快推行厂长负责制，发展多种形式的经济联合体，实行工资总额随经济效益浮动等政策措施，促进企业由单纯生产型向经营开拓型转变。刚刚成立不满一年的海尔，身处这样的时代背景，正是激流勇进的最好时机。改革的大潮裹挟着机遇与风险不顾一切向前奔流而去，而大潮上航行着的则是这个时代的先行者。时代告诉我们，只有勇敢的先行者才能先睹波澜壮阔的潮流，而奔流的潮流也只有配上这些勇者，才更显气魄。

海尔，正是这样的先行者。

狠抓质量，使得海尔在第一个十年里从无到有，由小变大。从一个濒临倒闭的小厂到国内首屈一指的企业，从国内最后一个引进冰箱的“后知后觉”者，成为国内家电业的执牛耳者。这样的成绩得益于张瑞敏的魄力，得益于海尔人的努力，更是得益于时代的契机。海尔辉煌的篇章在这十年中，只是书写了一部分，下一个十年，海尔又在书写着一个个奇迹和辉煌。

1992年，邓小平发表了“南方谈话”，《人民日报》转发了《深圳特区报》的长篇通讯《东方风来满眼春》。中国改革的进程迅猛推进，一个前所未有的发展机遇来到了。邓小平说道：“改革的胆子再大一点，改革的步子再快一点。”这些无疑都是振奋人心的消息，海尔深知，这样的发展机遇千载难逢。随着改革的深入,“走出去”成为了中国企业的一个新的课题,在国内取得长足发展的海尔,将目标转向国际市场。

“创中国品牌,建民族企业”,这是张瑞敏和海尔一直所追求的,“敬业报国、追求卓越”,这样具有民族意义的企业精神鼓舞和支撑了海尔一步步走向国际市场。从国内品牌迈向国际品牌,海尔所做的尝试,对于一个中国企业而言,是前所未有的。当时国际上技术的话语权完全掌握在西方人手中,到国际市场上去,和西方人争市场,这不是“与虎谋皮”吗?很多人怀疑,但坚定的信心和敏锐的眼光使得海尔在第二个十年取得了优异的成绩。2005 年 8 月 30 日,《金融时报》评选中国十大世界名牌,海尔荣登榜首。在全球白色电器制造商中,海尔排名第四。

2011 年,海尔集团积极推进“人单合一”双赢模式,并取得良好的市场业绩。2011 年,海尔预计实现全球营业额 1509 亿元,是 1984 年创业时的 4 万倍。利税总额 122 亿元,其中利润总额 75.2 亿元。海尔无疑又交出了一份令人满意的答卷。

在经过了二十年的发展后,海尔现在也已进入第三个十年,这个十年,海尔的目标是创造资源,实施全球化品牌战略。用全球化的视野部署 21 世纪的海尔战略发展,这是海尔继续辉煌的新动力。无论海尔的战略怎样变化,有一条自始至终从未变更,那就是创属于中国人自己的世界顶级品牌。质量第一,正是海尔人实现这个梦想的突破口。

人因梦想而成长,企业因梦想而发展,国家因梦想而伟大。怀着一个报效祖国、强国富民的梦想,海尔正张帆远航!

联想:品牌至上

2004 年 12 月 8 日,这是一个值得每一个联想人铭记的日子,随着联想收购 IBM 个人电脑事业部消息的宣布,联想一跃成为了全球第三大 PC 制造商。同时,杨元庆也从柳传志手中接过了传承联想梦想的薪火,准备着去开启下一个属于联想的时代。

这一年,对于联想而言是一个具有特殊意义的年份。二十年前初创时的情景虽已模糊,但梦想却仍然清晰。二十年的峥嵘岁月,见证了多少年华逝去,见证了多少探索和迷茫。岁月无声,联想却在书写着自己的传奇。有谁会想到,当年那个仅有20万启动资金,11名研究人员组建起来的联想,会变成现在这个年收入逾百亿美元,员工达两万多人的巨头企业。联想,这个值得国人骄傲的民族品牌,正在以惊人的速度崛起。它的崛起,不仅是一个企业一个品牌的崛起,更是向世界宣布,在他背后,中国渴望转变为科技强国、品牌强国的决心。

和每一个具有传奇色彩的企业一样,联想的诞生也显得是那么的不起眼。1984年,中国科学院计算技术研究所投资二十万元成立了一所小型公司,今天,我们甚至连其成立日期都无法确定,只能大概定位在1984年10月或11月的某一天。初创者们为它起了这样一个名字:"中国科学院士院计算支柱研究所新技术发展公司"。创立之初的联想,其所有业务跟今天我们所认识的联想相去甚远:电子表、电冰箱,甚至旱冰鞋、运动短裤都是他的业务范围。然而后来,一个个联想功勋的加盟,使得这个小公司发生了质的变化。

联想能够有今天的辉煌,离不开柳传志。1981年,在大洋彼岸的美国,一个叫IBM的公司发布了历史上第一台PC,正是这一历史事件,将人类带入了PC时代。而在世界这头的中国,当时还只是中科院一名研究员的柳传志敏锐地感觉到时代正处在转折点上,鼓起勇气迈出了中国PC业的第一步。正如柳传志自己说的一样:"回顾中国所有优秀企业的成长史,没有哪一个不是善于因时顺势,同时又自强不息的结果。"

今天我们看来,柳传志所言的两个优秀企业成长离不开的东西,在当时确实都已经具备。因势顺势,是天时;自强不息,是人和。所谓天时者,当时正值改革开放,国家科技体制也吹响了体制改革的号角,一批敢为天下先者,大开科技之改革先河,柳传志等一批联想功勋正是这批人中的佼佼者。而人和者,便是当初那批人的自强不息的精神。用柳传志自己所说的话,"一个挨过饿的人和一个没有挨过饿的人对一碗红烧肉的感情是迥然不同的。"而他所说的"挨饿",正是改革开放之前无处施展,万马齐喑的处境。"红烧肉"正是改革开放之后欣欣向荣的景象。每一个经历过苦痛岁月的人都会对新的时代充满超乎他人的热爱和激情,这也正是柳传志那一辈人共同拥有的品格。也正是这份热情,才有了今天联想的成功。

重人才,抓管理,塑品牌,是柳传志的制胜法宝,正是凭借这些法宝,柳传志将联想由一个默默无闻的公司造就成为民族品牌的标杆。如今,中国在国际上已经有了自己的高科技品牌,也有了自己的核心技术,而这些,都离不开联想那一批前赴后继的"敢为天下先者"。在那个时代,当改革的气魄碰撞到了这些先驱者们的灵魂时,留下的,是我们国家、我们民族持久不竭的动力和激情。如今,当这些先驱者逐渐老去的时候,热情却仍未褪色,志向已薪火相传。新一代的"敢为天下者"正沿着老一辈们走过的足迹,迈向更加辉煌的明天。

如今,联想已经进入后柳时代,随着联想少帅杨元庆的成熟,联想正在迈入下一个属于联想精神的时代,2006 年赞助年冬奥会、2008 年赞助北京奥运会、2008 年进入全球 500 强,新世纪的联想在经历了更新换代之后,迸发出来更加持久和强劲的活力,我们有理由和信心期待,联想的明天会更高,中国品牌的明天会更好,伟大祖国的明天会更好!

天下第一村

改革开放以来,华西村以惊人的速度迅速发展。谁都不曾想到,这个普普通通的农村,会成为一个一个奇迹诞生的地方。今天的华西村,在中国人民心中,已经成为一个令许多城市人都钦羡不已的地方。

改革开放三十多年来,华西村实现了发展、美丽、幸福的三大转变。由一个农业为主业的农村转变成为一个农商并行的新农村。年产值 450 亿元,家家都有别墅,人均存款都过百万,这些令人惊叹的数据和描述足以向我们展示出华西人的幸福和富裕。"天下第一村"的美誉,非华西村莫属。

人们不禁要问:"华西的今天得益于谁,谁缔造了今天的这个享有'中国新加坡'盛名的富庶之乡?"华西村的党委书记吴仁宝给我们说出了答案。他说:"从华西来说,如果没有邓小平理论的正确指导,如果没有改革开放政策和'三个有利于'的正确指引,就不会有我们华西今天的一切。"

对,是改革开放,是改革开放缔造了今天的华西!

改革开放之前,华西村只是一个占地面积 0.96 平方公里,人口 667 人,而人均分配只有五十多块钱的一个普通的贫困的村庄。跟今天的这个人均存款超百万的村庄比起来,谁都不会想到"天下第一村"的前身竟是这样一个村庄。

"有目标才有精神。"吴仁宝这样说道。吴仁宝为华西村制定了一个十五年规划,华西人靠着自己肩挑手抬,仅仅用了七年时间,就将这个规划完成了。规划的提前完成,大大激励了吴仁宝和村民们的热情。华西人没有停止前进的脚步,继续寻找着发展的道路。

与此同时,在完成十五年规划的第二年,大批在人民公社时期遗留下来的"五小工业"在改革开放政策的推动下,迎来了发展的契机。"五小工业"的发展,促进了农村经济由单一的农业经济转向以农业生产为主,兼顾工业的经济模式上。在这样的背景下,华西村开始积极响应改革开放的号召,发展起了号称"苏南模式"的乡镇企业。

乡镇企业, 这个被邓小平称为 "我们完全没有预料到的最大的收获",在农村的改革当中扮演起了重要的角色。20 世纪 90 年代,华西村进入了发展的黄金时期,乡镇企业生产规模急剧扩大,生产速度飞速增长,所有的这些都令世人惊叹不已。

凭借着对改革开放精神的深邃理解,华西村迅速地发展成为了一个"不土不洋、不城不村、华西特色的社会主义新农村。"现在,城乡差别、工农差别甚至是贫富差别这些问题,在华西村都逐渐被消弭。

三十多年来,在历经了 70 年代造田、80 年代造厂、90 年代造城和新世纪统筹发展的华西村,已经走上了现代乡村都市道路,华西村也成了中国农村工业化的先行者。华西村不断寻找发展机遇,推动农村工业化进程,而当农村工业化有了发展之后,华西村又提倡要坚持以工哺农,发展现代高效农业。不忘农业老本的华西,正走在一条工农协调、相辅相成的道路。同时,在物质财富丰裕之后,华西人不忘精神文明建设,既富口袋、又富脑袋,建设和谐文明的农民精神家园成了华西村的又一个发展目标。此外,既要金山银山,又要绿水青山,华西村坚持发展经济不能以环境为代价。今天的华西村,正在探索着新时代的新型发展道路。

有"天下第一村"之称的华西村,是改革开放的杰作。没有改革开放,就没有华西村的今天;没有华西人改革开放、创新创业的精神和努力拼搏,也没有华西村的今天。

前行路多艰

——时代精神的实践历练

美国著名政治学家亨廷顿:改革比革命更艰难。理由是:1. 革命是单线作战,只反对反动势力,而改革则是两面作战,既要反对过激势力,也要反对保守势力。2. 革命是破坏现状,改革是改善现状,改革者必须比革命者更纯熟地驾驭社会势力,更精确地控制社会变化。3. 改革需要平衡社会的政治、经济等各个领域中的变化,革命则均无需这种平衡。因而,在选择改革的形式和顺序等方面,改革者比革命者要困难得多。因此,成功的革命者未必是一流的政治家,而成功的改革者则无一不是一流的政治家。

人们常说新事物的前途是光明的,道路是曲折的。中国的改革创新事业,也是在经历种种风雨考验中前行的。改革创新的时代精神也是在实践中,在风险与困难中历练而成的。

三十多年的改革创新并非一帆风顺,而是充满曲折和艰辛的过程。既有来自内部的干扰,也有来自外部的冲击;既有改革创新自身存在的困难和问题,也有改革创新遇到的阻力和些许失误。"摸着石头过河"非常形象地说明了中国改革创新的真实情景。而今,改革进入"深水区",创新也面临各种难题,摆在我们面前的任务更加艰巨。我们真切地体会到,改革创新越往前走,遇到的风险和困难也越多。改革创新每朝前迈进一步,都需要付出加倍的努力。

然而,真金不怕火炼,时代的潮流总会不断向前。改革开放、创新创业是中国历史发展的必然选择,是人民的共同心声,是任何困难也难不倒、任何阻力也阻止不了、任何干扰也改变不了的时代主旋律。时代精神正是在历史风雨的不断洗礼中、通过实践的反复历练而彰显的,因此,它才显得如此珍贵,需要我们倍加爱护和珍惜,同时更理性、乐观地评估风险,认识困难,积极主动地迎接各种考验和挑战。

改革有风险

改革与风险并存

通俗地讲,风险就是发生不幸事件的概率。换句话说,风险是指一个事件产生我们所不希望的后果的可能性。

改革风险是一种导致改革产生危机,甚至失败的可能性。任何改革,既有成功的希望,也有失败的可能,古今中外,概莫能外。当代中国改革亦然。

中国改革最大的风险就是改革最终以失败告终,改革已经取得的成果得而复失。当然,这是我们都不愿意看到的,发生的可能性也极小。

改革的次一级风险就在于因改革激化的矛盾异常尖锐,进而引起社会动荡、社会危机,处理不好会上升为国家政权危机。

改革再次一级的风险就是一些改革政策失误、改革不到位或改革过激,引发一系列负面效应,处理不好就会引起社会动荡、社会危机。

显然,目前中国改革中的风险主要还是低层次的。但是,经过三十多年的改革,中国改革已经到了攻坚期,改革中的矛盾和问题越积越多,如果处理不好,就会向更高层次的风险级别转移。这也是为什么近年来党和国家领导人不回避改革中的突出问题,一再警告改革有风险的原因。

胡锦涛总书记在庆祝建党90周年大会上的讲话中曾强调了四种考验、四种危险："四种考验"即长期执政的考验，继续深入推进改革开放的考验，市场经济的考验，外部环境的考验。"四种危险"即精神懈怠的危险，能力不足的危险，脱离群众的危险，消极腐败的危险。这些考验和危险更加尖锐地摆在全党面前，落实党要管党、从严治党的任务比以往任何时候都更为繁重、更为紧迫。

与三十年前改革能得到全体响应有所不同，当前许多改革措施都不可避免地触动到既得利益，很难实现改革初期"全民受益、无人受损"的局面，当前的改革已经进入到深水期、疲劳期和胶着期。这就要求我们必须头脑清醒，增强忧患意识，切实加强和改进党的建设，为中国未来发展提供政治保障；必须把执政为民作为党一切执政活动的最高标准，把人民放在最高位置，切实贯彻以人为本的执政理念，密切联系群众，提高服务群众本领，加快推进中国现代化建设；必须用志存高远的战略眼光发展社会主义先进文化，积极探索发展面向现代化、面向世界、面向未来的，民族的、科学的、大众的社会主义先进文化，加快推进文化强国战略建设；必须把坚定不移地推进改革开放作为克服"四种危险"迎接"四种考验"的必由之路，继续解放思想，坚持改革开放。

改革的风险既有国际的，也有国内的

改革中的风险也就是改革中的许多不确定性及由此产生的不利后果。

中国改革一方面取得骄人成绩，另一方面，积压的体制机制性矛盾和积累的社会矛盾越来越突出。这些问题不解决，中国改革很难继续向前推进。政治改革中，民主政治建设、法治政府目标、政府职能转变、党和国家领导制度、反腐倡廉、干群关系、基层政权建设、社会安全稳定等，都需要下大决心、下大力气加以解决。经济改革中，可持续发展问题、平衡发展问题、资源问题、收入分配制度、国企改革、金融体制、物价与民生等，关涉中国经济能否冲破难关，再上新的台阶。文化建设中，民族精神的提振、先进文化建设、社会道德建设、公民意识提升,决非一日之功。另外,教育问题、社会保障问题、医改问题、就业问题,都严峻地摆在我们面前。改革牵一发而动全身。如果设计不科学、考虑不周密、措施不到位,改革就会带来难以意料的后果,搞不好,就会走向改革的反面,导致改革失败。

当今世界风云变幻,中国与国际社会共处于全球化进程之中,国际政治经济格局及变动对中国影响极大。由此,国际形势发展变化对中国改革产生了更多、更深刻的不确定性,尤其是国际金融危机阴影未散,国际经济复苏乏力,对中国经济产生极大影响。国际舞台上,西方势力肆意干涉他国内政,践踏国际关系基本准则,引导非西方世界西方化,并不断向中国施压,试图西化、分化中国,引导中国走西方式资本主义发展道路。美国将金融危机转嫁他人,动辄在经济上给中国施加压力,借西亚北非动荡,试图将危机引向中国。这都是我们改革面临的不确定性。

由于目前改革的议题更多、任务更艰巨、外部环境更恶劣,从而使得它面临的不确定性也更多,风险也更大。不确定性的增加和风险的加大,又会使得改革充满变数,使得改革变得更为困难。

认识了改革中的风险和困难,我们也应当理解为什么党和国家一再强调我们的改革面临着挑战、存在着困难、有许多考验。

正确认识改革中的风险

《人民日报》文章:小平同志在20多年前就曾告诫:"不要怕冒一点风险。我们已经形成了一种能力,承担风险的能力","改革开放越前进,承担和抵抗风险的能力就越强。我们处理问题,要完全没有风险不可能,冒点风险不怕"。事实上,从改革开放之初的崩溃边缘,到南方谈话前的历史徘徊,我们党正是着眼于国家和人民的未来,以"天变不足畏,祖宗不足法,人言不足恤"的改革精神,敢于抓住主要矛盾、勇于直面风险考验,才能化危为机,推动改革开放巨轮劈波斩浪,让中国成为了世界第二大经济体。

人生活在世界上，风险如影随形。改革中的风险也一样，只要进行改革，就必然存在风险。因此，要正视风险，不怕风险。我们过去有一种简单的思维定势，认为我们做的每一件事情都必须会成功，不存在风险和失败。因此，不能讲风险，认为一提到风险就是泄气，是惧怕，是推卸责任，是逃避。其实，这是一种不理性、不实事求是的态度。对待改革中的风险，我们就要以理性的态度来看待。首先知道改革肯定有风险，其次要尽可能回避风险，最好能化险为夷。

风险与机遇并存。风险中也存在着机遇，我们要善于从风险中寻找机遇，这正是人们发挥聪明才智的地方。高明的人、有智慧的人，总是在风险中寻找最佳机遇，求得问题的圆满解决，打开一片新的天地。中国的改革，是符合广大人民群众根本利益的，因此，广大人民群众从根本上也是支持的。有党的正确领导，有人民群众的智慧，我们相信，改革再艰难，风险再大，我们一定会找到最好的办法加以解决，改革一定会走向成功。

风险是一种不确定性，但产生风险的原因总会露出蛛丝马迹。要回避风险，就要对风险可能产生的原因进行分析。对待改革中的风险也一样，我们不能整天只谈风险，将眼光只停留在可能出现的可怕后果上，而应当对导致产生风险的原因进行认真研究。如果某些风险是由于我们的制度性缺陷造成的，我们就应当进行制度设计和改革；某些风险是由于政治运作过程中的不规范造成的，我们就应当进一步完善政治运行过程，推进民主政治建设；某些风险可能是偏离法治轨道和党的领导产生的，我们就应当尽快落实和完善依法治国战略、坚持和完善党的领导。

当然，风险不等于危机。控制和防范风险，就是要避免危机的发生。在改革开放过程中，如何防范风险，避免危机，是需要我们认真研究的问题。

面对机遇前所未有、挑战前所未有、机遇大于挑战的新形势，要在新的历史起点上实现科学发展、社会和谐，不断满足人民群众的新期待新要求，就必须坚定不移地继续解放思想，坚持改革开放。

不以成就遮蔽隐忧，不以掌声淹没民意。多看问题，少谈成就。少一点浮躁，多一点忧患。常怀忧党之心，恪尽兴党之责。始终走在时代前列，始终牢记党的宗旨，坚持改革创新，我们党就能永葆生机活力，党和国家的事业就一定能长治久安、永葆青春。

创新有困难

> 科学研究要勇于探索，勇于创新，这个是关键。搞科研，应该尊重权威但不能迷信权威，应该多读书但不能迷信书本。科研的本质是创新，如果不尊重权威、不读书，创新就失去了基础；如果迷信权威、迷信书本，创新就没有了空间。
>
> ——袁隆平

任何创新都是极其困难的

创新之所以困难，既有客观方面的原因，也有主观方面的原因。客观事物和创新对象的复杂性，决定了每一时代的人们只能站在当时的时代高度进行创新。人们不能对历史和时代没有提供任何条件的对象进行创新。即便历史和时代提供了一定条件，由于人们知识和技能所限，也无法进行创新。因此，人们的创新总是在特定对象和能力的前提下进行的，我们不能苛求人们对一切事物、一切领域都进行创新。但是，经验告诉我们，创新之所以困难，主要还是由于人们自身方面的主观性原因造成的。不思进取、思想僵化、因循守旧、惧怕困难，往往是造成创新困难的主要原因。

创新最大的困难是不解放思想

面对当今快速变化的世界，面对中国改革的紧迫形势，必须弘扬创新的时代精神，走创新型国家之路。但是我们在创新方面还存在着很多问题，尤其是人们的思想观念问题，与国家对创新的要求还有很大差距。

创造性思维是创新人才智力结构的核心，是社会乃至个人都不可或缺的要素。创造性思维是人类独有的高级心理活动过程，人类所创造的成果，就是创造性思维的外化与物化。创造性思维是在一般思维基础上发展起来的，是人类思维的最高形式，是以新的方式解决问题的思维活动。创造性思维强调开拓性和突破性，在解决问题时带有鲜明的主动性，这种思维与创造活动联系在一起,体现着社会价值的新颖性和独特性。

创造性思维的特性主要包括:思维的求实性,即善于发现社会的需求,发现人们在理想与现实之间的差距。从满足社会的需求出发,拓展思维的空间。思维的批判性,即敢于用科学的怀疑精神,对待自己和他人的原有知识,包括权威的论断。思维的连贯性,即平时善于从小事做起,进行思维训练,不断提出新的构想,使思维保持活跃的态势。思维的灵活性,即善于巧妙地、机动灵活地转变思维方向,产生适合时宜的办法。善于选择最佳方案,富有成效地解决问题。思维的跨越性,即思维进程带有很大的省略性,其思维步骤、思维跨度较大,具有明显的跳跃性。思维的综合性,即详尽地占有大量的事实、材料及相关知识,运用智慧杂交优势,多种思维方式的综合运用,发挥思维统摄作用,深入分析、把握特点、找出规律、创造出新成果。创造性思维的形成必须经过自觉的培养和训练,必须积累丰富的知识、经验和智慧,必须敢为人先,勇于实践,善于从失败中学习,才能获得灵感,实现思维的飞跃。

在当今世界,经济飞速发展,科技文化日新月异,主要源于各个领域的创造性。从宏观上讲,创造性是社会进步的动力之一;从微观上讲,创造性是衡量一个人才华高低、能力大小的尺度。创造性思维是创新人才的智力结构的核心。

百折不挠经考验

知难而上迎考验

改革有风险,创新有困难,这就要求我们一定要弘扬改革创新的时代精神,既要有正视困难、克服困难,迎难而上的勇气,更要有百折不回、不屈不挠、坚韧不拔的毅力。

改革、创新是想前人未曾想、做前人未曾做的事。因此,它的价值很高,意义非凡。改革者、创新者往往要直面许多困难,甚至接受失败的可能性。所以,改革者、创新者一定要意志坚强,无论受到多少次挫折,都毫不动摇、退缩,要有不达目的誓不罢休、不致成功决不后退的心气。君不见,在改革创业的历史大潮中,凡是获得成功的人物或企业家,哪个不是富于创造,敢于改革,勇于开拓的？在激烈的竞争之中,在重重困难面前,哪个不是坚持原则,百折不挠,排除阻力,勇往直前的？

我们从事的社会主义改革与建设,是人类最高尚的事业之一,是在前苏联等社会主义国家失败、西方资本主义国家面临诸多困境的背景下进行的。同时,我们原有的社会主义建设模式已经走到尽头,我们在经济、科技、体制等领域相对落后的情形下,从事改革开放和现代化建设事业。这就要求我们必须要有百折不挠的精神,接受实践过程中的种种难题和考验。试想,如果没有这种精神,哪有今天我们所取得的成果？在这一点上,我们还要向朱镕基同志学习。1998 年 3 月九届全国人大一次会议选举他为总理,他在答记者问时说:"不管前面是地雷阵还是万丈深渊,我都将勇往直前,义无反顾,鞠躬尽瘁,死而后已。"朱镕基当然是针对改革中的困难和阻力而言的。在改革创新的其他领域,何尝不是如此？

继续改革破风险

就改革的路线方向而言,改革开放三十多年来,发生了多次起伏跌宕的"交锋"。从坚持"两个凡是"还是改革开放,从选择计划经济还是市场经济,从讨论私营经济是"祸水"还是"活水",到延续至今的"中国改革搞错了吗"的思考。如果没有党中央的正确判断,没有人民群众的创造和支持,没有实践的有力验证,中国的改革开放能否走到今天,还是个未知数。

当前深化改革的任务更加艰巨。前三十年的改革,中国的主要使命是实现从计划经济体制向市场经济体制的转变和经济较快增长,从而解决人民的温饱问题。正是如此,我国在这一阶段改革中将精力和资源主要集中于解决经济增长的问题上,却忽略了许多重要问题,如资源可持续供给问题、环境友好问题、就业问题、收入分配的均衡问题、基本公共服务问题等等。到今天,这些问题已严重地制约了经济的可持续发展和社会的公平正义。如果没有改革创新的勇气与毅力,我们就无法正视这些问题,无法解决这些问题,我们改革开放的伟大事业有可能前功尽弃。

如何正确处理深化改革过程中的各种利益纠葛、如何以最低的成本来推进改革、如何避免改革中出现大的动荡、如何规避改革的风险,不仅考验着我们的智慧,也考验着我们的勇气。我们相信,只要我们继续弘扬改革创新的时代精神,我们就不会被困难所吓倒,不会被挑战所折服,不会被考验所迷惑,中国的改革开放事业一定会取得更大的成功。

集思广益迎挑战

鼓足精神战困难

对改革创新而言,困难无时不有,挑战无处不在。真正的改革者、创新者,正是在克服一个个困难、迎接一次次挑战中取得成功的。真正的改革者、创新者,不是比别人聪明,比别人有更好的运气,而是流淌在他们内心的那份精神气质,是不达目的誓不罢休的精神,是宁可粉身碎骨也不后退的精神,是迎难而上、不畏艰险的精神。可见,精神的力量是强大的,也是无穷的,尤其在困难、挑战和考验面前,精神的力量往往起着决定性作用。

人活在世上,总会遇到各种各样无法逃避的危机和困难。我们以什么样的精神状态、用什么样的方法去克服困难度过危机,可能正是折射出我们能力大小的亮点所在。

人的生命如白驹过隙。如果没有精神支撑我们的灵魂,那就和行尸走肉没有什么区别。理想、信念、目标、追求、情感、责任……都是一种精神。爱岗敬业、助人为乐、勇于拼搏等等都是精神力量的具体体现。人生短短几十年,要让有限的生命最大限度地燃烧,发挥出最大的能量,需要的应该是精神力量焕发出的强大生命力,应该是在伟大精神支撑下的生命不息、奋斗不止的干劲,处于狭路时的一种拼劲,应该是处于高潮或低谷时的韧劲。

作为个体的人,精神如此重要,作为群体的国家、民族、政党、团体,精神同样发挥着重要作用。中国共产党之所以伟大,是因为它除了带领中国人民取得了革命、建设、改革的伟大业绩外,还培育和形成了其伟大的精神。在党的历史上,分别形成的井冈山精神、长征精神、延安精神、大庆精神、"两弹一星"精神、雷锋精神、改革创新精神,成为党的历史上一座座精神丰碑,激励着一代代中华儿女自强不息,勇于拼搏,甘于奉献。

改革创新奔前程

改革开放以来，中国人民以改革创新的时代精神为引领，不断冲破阻碍发展的思想观念，破除束缚发展的陈规旧习，革除影响发展的体制弊端，任尔东南西北风，咬定发展不放松，取得了辉煌的发展成就。弘扬以改革创新为核心的时代精神，要求我们要有敢于突破陈规、大胆探索、勇于创造的思想观念，要有不甘落后、奋勇争先、追求进步的责任感和使命感，要有坚韧不拔、自强不息、锐意进取的精神状态。

在改革创新进入攻坚期，我们更要大力弘扬时代精神，用强大的精神力量克服我们前进中的困难。这就要求我们必须大力弘扬改革精神，在政治体制、经济体制、社会体制、文化体制等领域进行全方位的改革；要求我们必须大力弘扬创新精神，在理论创新、科技创新、体制机制创新、政府创新等领域进行全方位的创新活动，并加快创新型人才培养，构建学习型社会，最终建立起居于世界领先地位的国家创新体系。这是一项全民参与、包括社会各领域在内的浩大工程，人人都是改革者、创新者，事事皆有改革处、创新处。

实践证明，改革创新精神既是改革开放培育造就的伟大精神，也是推进改革开放须臾不可缺少的奋斗精神。改革创新的时代精神，顺应当今世界大势和时代潮流，为中国特色社会主义这一前无古人的历史伟业提供了强大精神动力，并深深融入人们的思想意识和社会心理，成为全党全国人民团结奋斗的强大精神支撑。坚持改革创新精神，在不断探索、不断创新的创造性实践中推动发展，解决矛盾和问题，是我们党保持和发展先进性、永葆生机活力的重要法宝。

改革谋深化
——弘扬时代精神,不断深化改革

曾几何时,在中国社会,"深化改革"一词成为党政官员、专家学者、新闻媒体、普通民众热议的词汇。目前,如何进一步深化改革,既是基层民众心中的疑问,也是高层领导人不断思考的问题。

早在 1992 年 1 月, 当时 88 岁高龄的改革开放总设计师邓小平,在中国改革面临困难之际,赴南方视察并发表了一系列重要谈话,推动中国掀起新一轮改革开放的热潮。可以说,没有"南方谈话",就没有今天改革的成就。

二十年后,温家宝在广东视察时讲,在经历三十多年改革开放的今天,我们要继续下定决心、鼓足勇气、毫不动摇、永不停顿地把改革开放推向前进,特别是要有针对性地做好改革开放的长期规划设计,继续大胆地试、大胆地闯。

改革如逆水行舟,不进则退。今天,中国的改革即将全面进入"深水区",接下来如何进一步深化改革,进一步深化改革哪些领域,深化改革的困境在哪里,改革的阻力来自哪些方面,如何使改革的成果最大限度地惠及广大人民群众,这一系列问题,既是改革面临的难题,也是改革的重点。

敢于触碰“深水区”

改革走到今天，已经全面进入“深水区”，是否敢于触碰“深水区”，是否敢打攻坚战，直接关系到能否继续推动改革、深化改革。

温家宝说：“现在改革到了攻坚阶段，没有政治体制改革的成功，经济体制改革不可能进行到底，已经取得的成果还有可能得而复失，社会上新产生的问题，也不能从根本上得到解决，文化大革命这样的历史悲剧还有可能重新发生。每个有责任的党员和领导干部都应该有紧迫感。”

改革进入“深水区”

*政治体制改革进入“深水区”。*政治体制改革问题不仅重要，而且非常迫切。改革开放三十年来，政治体制改革在艰难中前进的同时，也暴露出一些亟待解决的问题，主要涉及党和国家的领导制度、干部制度、民主法制建设、政府效能等问题。主要弊端就是权力过分集中、官僚主义、腐败、形形色色的特权等。

社会主义法制建设取得的成就，不足以说明法治国家的实现，何况法制尚不完善。法治难以抵挡人治，权大于法、以权代法、权力部门违法、权力干预司法的事件时有发生。

民主体制初步建立，但机制明显滞后。人民代表大会制度得以不断完善，基层民主稳步推进，党内民主逐步展开。但在实际政治生活中，民主还存在流于形式的问题，“人民民主”缺少必要的机制与制度安排。

政府改革成为政治体制的“检验场”。党中央国务院一再强调要建设阳光型、服务型、廉洁型、高效型政府，而百姓在与政府机关工作人员交往过程中却会遇到“脸难看、事难办、话难听”的情况。

领导制度改革将是整个政治体制改革的核心，权力集中、权责不明、权限越界是目前暴露的较严重的问题。在行政、人事、财政、司法等方面，领导具有决定性权力，使得依法治国的进度受到影响。

政治体制不合理，利益分配不科学，权力不受约束，自由裁量权过大，政府过多介入微观经济，政府权力和利益挂钩等，都会催生既得利益，导致公权私分，权力部门化，而长此以往将会形成既得利益集团。从根本上来说,既得利益集团的出现是公共权力的异化造成的,与我国过去实行高度集权的管理体制有关。因此,政治体制改革将是改革步入“深水区”后的攻坚战之一。

*经济体制改革进入“深水区”。*温家宝总理在广东考察时说,当前我们面临的形势总体是好的,但是世界政治经济形势变化非常剧烈,金融危机还在发展蔓延,我们国内经济一些体制上的问题,特别是不平衡、不协调、不可持续的问题需要认真加以解决,我们面临的挑战和困难不少。

国企、民企、政府在市场经济中的角色转换:国企、民企是我国市场的两大主体,然而在两大主体的具体权利方面却存在较大的差异。国企一向借助垄断地位和倾斜性政策参与市场,获得了非市场性的有利条件。而民企则无过多的政策倾斜,经常遭遇“玻璃门”“弹簧门”,与国企之间形成不对等的竞争。国企利润分配、国企主管的行政身份、国企产品价格制定、国企工资福利标准等问题备受关注。

收入分配体制改革:邓小平在1992年视察深圳时说:“资本主义发展几百年了,他们有基础,经济水平确实要比我们高很多,但是社会财富不平均。资本主义不可能做到社会财富分配平等……真正关心人民生活的是我们。社会主义即使目前还比较穷,但我们能够集中力量办大事,积极改善老百姓生活。”

如今,社会财富分配不公,已经不是资本主义制度的特有现象了,在我国也存在着社会分配不公、贫富差距悬殊的现象。据国家统计局的数据,1978年中国的基尼系数为0.317,自2000年开始越过0.4的警戒线,并逐年上升,2004年超过了0.465。这说明,中国经济在不断发展的同时,社会分配制度并没有与时俱进,而且不断被社会利益集团所挤占。所以,中国要避免社会两极化日益扩大,必须重温邓小平“南方谈话”时的精神,加大社会财富分配制度的改革力度。

*反腐进入“深水区”。*改革开放以来,党和国家一再警告要防腐、反腐,并惩办了一些贪官。2006年全国检察机关共立案侦查贪污贿赂、渎职侵权犯罪案件33668件、2008年为33546件,2009年各级纪检监察机关立案115420件,2010年纪检监察部门共立案139621件,2011年全国纪检监察机关共立案137859件……

中国共产党是马克思主义科学理论武装起来的、以全心全意为人民服务为宗旨的先进政党，是与腐败根本不相容的。2005 年 1 月 3 日，中共中央印发《建立健全教育、制度、监督并重的惩治和预防腐败体系实施纲要》，使反腐倡廉工作进入新的历史阶段。2008 年，《建立健全惩治和预防腐败体系 2008—2012 年工作规划》出台。在完善制度的同时，党和政府"既拍苍蝇，更打老虎"，严肃查处一批大案要案，一批"位高权重"的"蛀虫官员"相继落马。

2010 年"落马"的 11 名省部级高官

姓　名	职　务	涉案金额	判　刑
陈绍基	广东省政协主席	2959.5 万元	死　缓
王华元	中共浙江省委常委、省纪委书记	771 万元(894 万财产不能说明来源)	死　缓
王　益	国家开发银行副行长	1196 万余元	死　缓
皮黔生	天津市委常委	755 万余元	死　缓
黄　瑶	贵州省政协主席	954 万余元	死　缓
郑少东	公安部部长助理	826 万余元	死　缓
米凤君	吉林省人大常委会副主任	628 万余元	死　缓
陈少勇	中共福建省委常委	819 万余元	无期徒刑
朱志刚	全国人大常委会预算工作委员会主任	744 万元	无期徒刑
康日新	中国核工业集团公司总经理	660 万元	无期徒刑
黄松有	最高人民法院副院长	510 万元	无期徒刑

2011 年 7 月，在中国共产党成立 90 周年的伟大时刻，胡锦涛同志发表重要讲话，郑重指出党面临的"四大危险"和"四大考验"，提出"坚决惩治和有效预防腐败，关系人心向背和党的生死存亡，是党必须始终抓好的重大政治任务"，强调要"坚定不移把反腐败斗争进行到底"，再次把反腐倡廉工作推向新的高潮。

*医疗改革进入"深水区"。*医改被形象地比喻为"鸡蛋上跳舞"，"医改是一个'在鸡蛋上跳舞'的艺术，舞跳不好，公众不满意，然而，踩破蛋壳，整个医疗体系又要出问题，公众同样受损失。"因为，医改既要让公众满意，也要让相关部门、医院、医生、药厂、药商可以接受。

从2009年开始，中国新一轮医改在解决人民公众“看病难、看病贵”问题上，已经初见成效，取得阶段性成功。然而，依然存在诸多问题，医患纠纷此起彼伏，相关法律缺位问题突出，药品价格虚高不下，限价药品“上榜死”，工资挂钩药品销售等等，公共卫生资源不足，大型医院“人满为患”，基层门诊冷冷清清……这一系列问题，所揭示的都是医疗体系深层次的问题。那么，医疗改革再推进下去，将无可避免地碰触体制、结构性的深层次矛盾，这将是下一步的“攻坚战”。

未来，改革之难、任务之巨，都将是对能否坚持改革创新精神的严峻挑战。

“深水区”真是无底洞吗

改革是一项涉及社会方方面面的综合性的系统工程，或多或少地出些问题，并不可怕，可怕的是在“深水区”面前驻足不前，摇摆不定。应该清醒地认识到，“深水区”是改革进行到一定阶段的必然产物，是改革三十多年一系列问题积累的结果。但“深水区”并不是不可逾越的障碍，只要坚持改革的精神，坚定改革的旗帜，坚持党的领导和依靠全国人民的团结与奋斗，依然能够渡过“深水区”，使之成为改革光荣榜上的又一项成果。为此，对改革进入“深水区”，我们必须要有正确的认识。

有些问题，是改革发展到一定阶段出现的新问题。在改革的具体策略上，邓小平同志创造性地提出了让一部分人先富起来，带动更多人实现共同富裕。当今中国，已经初步实现了第一步，正向第二步迈进，接下来的改革重点在于，加大力度对收入、分配制度的改革，才能在“做大蛋糕”的基础上“分好蛋糕”，才能赢得人民群众对改革的支持，才能做“更大的蛋糕”。

近几年凸显的看病难、看病贵、房价高、上学难、就业难等问题，凸显了改革不到位的问题。因此通过基本公共服务均等化等社会领域综合改革，来改变城乡发展不平衡的局面。

有些问题，是经验不丰富、设计不周密造成的。例如：资源要素价格长期压低，助长了高能耗、高污染行业扩张。因此，要推进资源要素价格改革，推动资源型GDP向知识型GDP转型。

勇闯“深水区”，这是摆在我们面前的唯一选择。随着一系列顶层设计的落实和难点问题的解决,我国加强和创新社会管理工作一定能走出“深水区”,中国特色社会主义社会管理体系必定能越来越完善,中国特色社会主义和谐社会建设必将迎来更加灿烂的明天。

如何渡过“深水区”

今天的改革,正从“摸着石头过河”进入“深水区”,由易向难、由外而内、由增量向存量步步推进。改革的矛头直指“硬骨头”,改革的任务更复杂、更艰巨。所以,如何渡过“深水区”,就成为继续推进改革的首要任务。

2010 年的政府工作报告曾 65 次提及 “改革”,2012 年更是多达 70 多次。“十二五”规划建议提出,必须以更大决心和勇气全面推进各领域改革。中国经历了三十多年的改革开放,改革的方向与路径已然清晰,但步入“深水区”的改革将更加艰难。

——为改革把脉

全国人大法律委员会副主任委员洪虎:改革的新突破要确立综合性协调机制,从整体上来设计改革布局,即顶层设计。

国家行政学院常务副院长魏礼群:改革顶层设计必须有一个全面的、统筹的考虑,需要组织一些理论工作者和实际工作者认真研究。改革要覆盖经济、政治、文化、社会各个方面。

国务院发展研究中心宏观经济研究部副部长魏加宁:价格改革、企业改革和社会保障制度改革,是宏观经济改革中最重要的 3 个方面。就金融领域看,利率市场化、分业监管等改革都很关键。

国务院发展研究中心金融研究所副所长巴曙松:金融业是经济运行情况的一个反映,比如垄断问题、放松管制的问题,在金融业都有反映。小微企业面临的金融环境问题更突出,融资难度非常大,这可能是金融改革新突破的一个很好的切入点。

中央编译局副局长俞可平:下一步改革需要突破的领域很多:比如,利益分配机制。这不仅仅是经济利益,还有上学、医疗、信息权利等其他利益。再比如,基层治理机制,基层稳则国家稳,基层治理机制需要继续改革。

毫无疑问，面对“深水区”，不是走回头路、不是驻足不前，也不是放慢脚步，而是应该坚定改革方向、深化改革深度、加大改革力度，坚定不移地继续加快推进改革，使改革之舟，能够顺利渡过“深水区”。然而，“深水区”里摸不着石头了，涉及的面更广、问题更复杂了，这就要求步入“深水区”的改革，应该全局把握、做足准备、冷静分析、正视挑战、讲究策略、统筹兼顾、迎难而上、攻坚克难、化解阻力、稳步推进。

听微词、祛危机

> 宁要微词，不要危机；宁要“不完美”的改革，不要不改革的危机。
>
> ——《人民日报》

世上哪有十全十美——理解万岁

万事万物，能有几多至善尽美？面对完全陌生的改革，没有现成的路子可走，没有成功的例子可依，没有合格的模子可套，出现一些偏差，出现一些微词，也是在所难免的。因此，对存在的问题，我们应该以包容的姿态、宽容的心态去面对，以客观的、理性的态度去认识新问题，既不能人云亦云，盲目跟风；也不可两耳不闻窗外事，一心只求自家美。关注改革，献言献策，是我们每一个中华儿女的责任。

面对新问题，各级党委和政府应该倾听百姓的呼声，体察百姓的疾苦，解决群众的难处，化解社会的风险，坚持从群众中来，到群众中去，密切联系群众，深入关注社会，集全体人民智慧于一体，汇广大民意于一身，大力发扬改革之时代精神，以改革之道，破解改革之难，以实现国家的稳定与繁荣。

众人拾柴火焰高——广开言路

摸着石头过河，就是一边体察“民意”之石，一边过“改革”之河，最终落脚点与归宿都是人民的根本利益。改革需要正确的理论指导，需要党和国家的领导,需要人民群众的支持与配合。在具体改革过程中,改革的方案应该征求民意,改革的实施应该体现民意,最后用民意来检验改革的成效。现实的民意是客观存在的,不能关起门来"想象",不能走马观花,更不能置身高墙之内,久居庙堂之上,不下基层、不进田野,只听"汇报"、看"材料",这样"体察民情",能有多大的真实性呢?

体察民意,不仅要"听微词",更要观"民意",察"民情"。古人云:纸上得来终觉浅,绝知此事要躬行。广大党员干部要真真切切地放下"官老爷"的架子,去掉"鸣锣开道"的形式,下得了基层,进得了村舍,吃得了百姓饭,住得了百姓家,重温毛泽东同志"为人民服务"之真谛,深刻体会"鱼儿离不开水"的意义。通过与民同吃同住,真心交谈,来想人民之所想、思人民之所思。

改革是前进的方向,"宁要微词,不要危机"的改革,赋予了改革某种"缺陷"美。微词并不可怕,可怕的是转化成危机。因此,要化解微词、消解危机,避免微词激化为危机,就需要坚定改革信心,弘扬改革精神,全面推进改革。

高举旗帜不动摇

坚定改革信念

邓小平指出:"我们走第一步是靠改革和开放,第二步也是靠改革和开放,第三步更要靠改革和开放。"改革开放三十多年的事实证明:哪里有改革,哪里就有新发展;哪里有改革,哪里就有新局面。因此,高举"改革"旗帜不动摇,是下一个三十年的强国之策、富民之路。

然而,在当前的改革进程中,每当出现反对声音或者一些不同的声音时,改革就戛然而止,停止改革、固守城池。现实中,或是囿于既得利益的阻力,或是担心不可掌控的风险,或是陷入"不稳定幻象",在一些人那里,改革的"渐进"逐渐退化为"不进","积极稳妥"往往变成了"稳妥"有余而"积极"不足。近年来,一些地方的改革久议不决,一些部门的改革决而难行,一些领域的改革行而难破,莫不与此有关。

从 2010 年党的十七届五中全会之后,我国进入了"改革年",并且是

"改革攻坚之年""全面改革之年"。2012 年 2 月 5 日,国务院总理温家宝在广东考察时讲道:二十年前,小平同志不顾八十多岁的高龄来到广东,讲了许多语重心长、发人深省、具有深远历史意义的话。他明确告诉我们,要坚持改革开放不动摇,不改革开放只能是死路一条。小平同志的话,至今仍有强大的震撼力,而且有着巨大的指导意义。温家宝总理誓言:"在这五年,我要下决心推进财政体制改革,让人民的钱更好地为人民谋利益",掷地有声,剑指改革"深水区",再次彰显本届政府"天变不足畏,祖宗不足法,人言不足恤"的改革变法勇气。

认准改革之路

发展永无止境,改革也不可能一蹴而就。继续推进改革、深化改革,要毫不动摇地坚持正确的改革方向,这将是改革成功的首要保障。

坚定改革的方向,不能偏离主线、不能偏离方向。在改革的道路上,既要防"左"又要反右,不能违背社会经济规律,通过发动群众来进行;更不能让改革"变天",丧失社会主义的理想与信念。因此,我国未来的改革,必须坚持马克思主义的指导,必须坚定不移地坚持党的领导、必须坚持中国特色社会主义道路,必须坚持"一个中心、两个基本点"。改革要在基本原则的框架内,加快社会主义民主法制建设,完善社会主义市场经济体制,不断提高人民群众的生活水平,使中国特色社会主义事业不断走向新的胜利。

坚定改革的方向,在坚持"两个毫不动摇"、巩固改革成果的同时,勇于冲破利益格局,更广泛地惠及民生,解决突出问题、化解尖锐矛盾。

没有惊心动魄,哪有波澜壮阔?没有旗帜鲜明,哪有坚定不移?改革不会风平浪静,改革亦不会一帆风顺,唯有高举改革旗帜,才能化解千难和万险。

高举改革大旗

旗帜问题至关重要。高举改革旗帜,是集我国社会主义建设六十多年的历史经验、特别是改革开放三十多年的基本经验而得出的必然结论。改革是坚持和发展中国特色社会主义、实现中华民族伟大复兴的必由之路。在中国特色社会主义道路上,在现代化建设的全程中,改革必须始终贯穿、全面推进。

时下，改革即将全面触及“深水区”，未来改革的道路上将是困难重重、荆棘密布。因此，只有高举改革大旗，才能继续解放和发展社会生产力，破除一切妨碍科学发展的思想观念和体制机制的障碍，为推进中国特色社会主义事业注入强大动力。只有继续推进改革，才能走好“中国道路”，才能建成富强、民主、文明、和谐的社会主义现代化国家。

唯有高举改革的大旗，勇于变革、勇于创新，永不僵化、永不停滞，破除故步自封、画地为牢的思想，不动摇、不懈怠，不为任何风险所惧，不被任何干扰所惑，秉承改革之精神，发扬改革之精神，就一定能够不断扫清前进道路上的障碍，不断开辟通往成功的道路。

深化改革需加力

对于改革者来说，认真听取民意，又不为流言所动，既需要智慧和审慎，更要有勇气与担当。对于继续深化改革来讲，改革的共识已经形成，如何排除利益的干扰，重启改革议程，是所有关心中国改革人士的共同心愿。

前行多艰难

在过去三十多年的转型与改革中，中国建立了市场经济体制的框架，成功地实现了经济起飞与经济总量的快速扩张，但发展方式转型尚未破题。2008年国际金融危机，使得原有发展方式的矛盾集中凸显出来。当前，中国改革之路正处于发展方式转型的十字路口，是继续深化改革，还是另辟蹊径？——对此，答案非常明确：改革、加大改革力度。

相比三十多年前，改革的迫切性更强了。近年来，一些地方改革久议不决，一些部门的改革决而难行，一些领域的改革行而难破，一些领导的改革言而不行等，这些都是与改革之大潮背道而驰的。因此，改革还需进一步加大力度。

相比三十多年前，改革的迫切性更强了。改革是中国经济社会发展的动力——以GDP来衡量，中国已成为世界第二大经济体。但不可忽视的是，GDP的高增长背后也带来了一系列问题，如贫富差距的扩大，依赖投资出口的增长模式不可持续,资源环境问题日益突出等等。这些问题不仅影响经济可持续发展,也会影响社会的稳定。客观地说,这些问题并不必然是改革的副产品,而是改革不到位和改革出现部分偏差所引起的。因而,要解决这些问题,恰恰需要更大力度的改革。

改革有风险,但不改革,党就会有危险,全国人民更会有危险。对于当前"躲不开、绕不过"的体制机制障碍,如果怕这怕那、趑趄不前,抱着"多一事不如少一事"的消极态度,甚至将问题矛盾击鼓传花,固然可以求得一时轻松,保全某些利益。但只能把问题拖延成历史问题,让危机跑在了改革前面,最终引发更多矛盾,酿成更大危机,甚至落入所谓"转型期陷阱"。

方向已明确

胡锦涛同志在十七届五中全会上告诫全党,必须以更大决心和勇气推进各领域改革,在庆祝建党 90 周年大会上再次强调,要不失时机地推进重要领域和关键环节改革。2012 年 2 月 20 日,胡锦涛总书记主持中央政治局会议,讨论国务院拟提请人大五次会议审议的《政府工作报告》,强调今年将"着力深化改革开放"。

温家宝总理在广东考察时明确宣示:"解决所有问题的关键依然是改革开放"。在 2012 年的政府工作报告中指出:"要以更大决心和勇气继续全面推进经济体制、政治体制等各项改革,破解发展难题;扎实推进惩治和预防腐败体系建设的各项长期性、基础性工作,着力解决人民群众反映强烈的突出问题;加强行政监督、民主监督、舆论监督;要正确处理改革、发展、稳定三者的关系,积极有效化解各种矛盾和风险隐患,防止局部性问题演变成全局性问题,促进社会和谐稳定。""改革必须要'加大攻坚力度',推动重点领域和关键环节的改革。"

回望三十年,市场经济体制逐步确立,政治体制改革稳步推进,人民生活水平不断提高,改革之"犁",犁出一个又一个美丽的春天。

展望三十年,消除贫富分化,走向共同富裕……仍需改革之利剑,在春天的田野里,破除冬天的尘封,开启新的征程。

创新求超前

——弘扬时代精神，建设创新国家

创新是一个民族进步的灵魂，是一个国家兴旺发达的不竭动力，也是一个政党永葆生机的源泉，这是江泽民同志总结二十世纪世界各国政党，特别是中国共产党的历史经验和教训，得出的科学结论。

一般地讲，一个民族要想走在时代前列，就不能没有理论思维，更不能停止理论创新。纵观人类发展史，人类社会发展就是一个不断创新的过程，这一过程从工业革命以来，进入加速发展的轨道，新知识、新技术、新工艺、新材料、新能源、新产品不断涌现，人类文明程度极大地提高。

由“中国制造”到“中国创造”

一百多年前，中国能制造什么？这个问题很难回答，那时候中国的民族工业刚刚起步，最基本的工业品都很难生产出来。今天，中国不能制造什么？这个问题同样难以回答。“Made in China”使得中国被冠以“世界工厂”之名。中国人民依靠什么，用短短六十多年的时间走完了西方四百多年的路程？回答是依靠改革创新的精神。正是在这一精神的鼓舞与激励下，中国摘掉了“洋货”市场的帽子，接过了“世界工厂”的接力棒。而今，中华儿女更是坚定不移地秉承改革创新的伟大精神，推动中国走上创造之路。

琳琅满目尽洋货,中国制造一扫光

新中国成立伊始,脱胎于半殖民地半封建的中国,工业发展落后,致使大多数生产生活资料都依赖进口。一时间,中华大地上,“洋货”满天飞,洋布、洋油、洋糖、洋钉、洋火、洋烟……中国俨然成了一个“洋货”大市场。

而如今,随着大批的民营企业如雨后春笋般地茁壮成长,中国制造唱响大江南北。在世界的每个角落,“Made in China”随处可见,这不能不说是中国工业和社会的一个巨大进步。如今像海尔、海信、长虹等家电;森达、红蜻蜓、康奈等皮鞋;红旗、长安、华晨金杯等轿车;娃哈哈、银鹭、汇源等饮料,在国外都深受欢迎,也占领了不小的国际市场份额。中国制造正成为一个品牌,一个民族的品牌,一个民族改革创新的品牌,吸引着世界的目光。

今天,我们为告别了洋货时代而自豪,为“中国制造”享誉世界而自豪。与此同时,我们也应该反思,为什么最先进行工业革命的西方资本主义,放弃了简单的制造业呢?德国在中国建立了汽车、电子、药品基地,日本也将研究开发的基地迅速迁往中国,美国资本更是不甘落后,在华独资、合资等形式的企业随处可见。他们为什么都偏爱中国这片土地,为什么在中国土地上制造产品,甚至建立研发中心,这一切不能不令我们深思。

显然,当我们沉醉于“中国制造”的成就时,世界早已迈入了知识型经济时代。生产环节的利润已经成为整个商品流通过程中,利润最薄弱的环节,而开发、研发所带来的知识产权与专利,成为最大获利环节。历史的潮流警示我们,“中国制造”必须向“中国创造”迈进,否则,真的会成为“资本”的工具。

制造奠基强民族,创造腾飞赢世界

制造其实就是如法炮制,用老百姓的话说,也就是依葫芦画瓢,来样加工而已。创造则不然,一个“创”字,包含有独到的、前所未有的意思,创造是从无到有的过程。近年来,“中国制造”正越来越多地走向国际市场,体现了中国产品的国际竞争能力,然而,细加观察,不少标有“中国制造”

的出口产品，依然是以薄利的“制造”产品为主，而附加值较高的“创造”型产品则是少之又少。如何实现从“中国制造”到“中国创造”的转换，成为每一个中国人思考的问题。

2008年，世界金融危机爆发，中国广东、江浙等地的6.7万家制造企业倒闭，导致了2000万工人被解雇。而这些企业当中，绝大多数都是做二传手、三传手、四传手，这样的制造型企业所获得的利润最小，是整个国际分工链条上最脆弱的环节，一旦国际市场有风吹草动，最先蒙难的就是它们。因此，经济模式由“制造”到“创造”的转型，就成为时代最强音。

相比之下，美国、德国、日本等创造型经济模式的国家，在劳动力成本方面无法同中国相比，但他们的“原创”和产品的科技含量却胜过我们。世界上每生产4台电脑，就有一台是在我国江苏生产的，但是生产一台电脑赚多少钱呢？相比1个“苹果”而言，那简直是微不足道的。为什么这么少？因为我们要付给英特尔几十美元，要付给微软几十美元，也就是说，其实江苏生产一台电脑赚的只是一个简单的加工费，而国外因拥有知识产权，获得了丰厚的利润。这一利润分配格局启示我们，必须发扬改革创新精神，实现中国创造梦想。

随着知识型经济的到来，我们不得不感叹：当年引以自豪的“中国制造”成了“廉价商品”的代名词。很多人已经满足“中国制造”带来的喜悦，不思进取、坐享其成了。我们不禁要问，依赖廉价劳动力、资源能源高消耗的经济模式，能够撑起“明日中国”的脊梁吗？

环顾历史，英国的工业革命、古典力学、进化论；法国的民主政治、启蒙运动；德国的哲学革命、现代物理学；美国的技术发明、泰勒模式、电子应用、网络崛起；苏联在鼎盛之时，在数、理、化、人文等各个方面，都列于世界一流，后来的太空探索，更是改变世界发展的空前成就。历史告诉我们，创新才是赢得未来生存权的关键。

制造创造齐步走，赶超跨越强国梦

21世纪，世界经济是创造力的经济，具有创新精神的民族，才能屹立于世界民族之林。然而，根据中国人口数量、劳动力情况和目前的技术水平、管理水平，“中国制造”不可偏废。在坚持“中国制造”的同时，积极发扬改革创新精神，加快“中国创造”的进程，争取做到保住“制造”，培育“创造”，使“两造”并驾齐驱。这就好比人的两条腿，以前，我们是一条腿走路，现在呢，另一条腿也迈开了，两条腿走路总比一条腿要更稳当。

实现“中国模式”的“三级跳”：中国模仿—中国制造—中国创造。中国企业从低端的“制造工”和资源“搬运工”的困境中走出来，从“中国制造”向“中国创造”转型，“中国制造”要想战胜“外国制造”，最终的取胜之道是“中国创造”。因为，只有“创造”才能为中国经济的发展突破瓶颈，带来全新思路。

英国、德国、美国、日本等国先后崛起的轨迹清楚地表明，它们绝不仅仅依赖加工，而是注重“创造”。“原创”，反映了一个国家的创造力，是走向世界强国的必经之路。任何一个国家想要崛起于世界之林，都需要有“创造”。国家要发展，基础是企业；企业要发展，基础就是“创造”。对于一个企业来说，只有让“创造”为世界所接受，这个企业才能崛起；对于一个国家来说，只有让“创造”为世界接受，这个国家也才能崛起。

今天，越来越多的中国企业“走出去”，寻求与世界经济同步发展，越来越多的中国企业在输出“中国制造”的同时，也已开始认识到，用新的思想、新的观念、新的方法，创造性地向世界证明自己的“原创”精神。应该说，“中国制造”大量走向世界，这是“中国创造”走向世界的前奏，但这决不等于说，我们的企业可以就此止步。恰恰相反，对于一个具有优秀历史传承的民族来说，“创新”永远是一个不断跨越的标尺！随着“中国制造”的崛起，具有民族创新精神的“中国创造”，也一定能令人瞩目地登上国际市场的大舞台。

构建体制机制是关键

创新引领未来

中国的改革进行到现在，制度创新是改革的核心。当年的家庭联产承包责任制、国有企业的改革都属于制度创新。实践证明，每一次体制机制的创新，都会释放出新的生产力；每一次推进体制机制的创新，都能破解制约发展的瓶颈；每一次推进体制机制的创新，都将推动社会的大跨步前进。今日中国,制度创新似乎出现了停滞,这是因为改革开放三十多年形成的制度,得到既得利益者千方百计地维护,固守既有制度,使得发展停滞。然而,我国急需推进体制机制的创新与改革,否则,就会进一步增加社会问题、激化社会矛盾、阻碍社会发展,不仅不利于中国特色社会主义的建设,还会危及改革开放三十多年取得的成果。

"创新"是21世纪中国前进的冲锋号。但如何建立一个适合创新的体制环境,如何建立一个适合创新意见、创新思潮、创新理论表达的机制,尤其是如何将"创新制度"不断地推进,将是创新的关键所在。一方面,机制体制创新不是某一领域的事情,这涉及政治体制的创新、科学技术体制机制的创新、理论的创新、管理模式的创新……创新是推动各个领域发展的基本精神,创新是覆盖全社会的基本理念,创新是一个国家永不落后的动力,创新是当今世界最嘹亮的时代口号。无论是为了实现新型工业化,还是为了实现更加富裕的小康社会,还是为了创新型国家的建设,创新将是所有事业取得成功的基本精神。另一方面,体制机制的创新应该注重科学的方法。万事都有自己的规律,体制机制的创新不能靠喊口号、打旗帜、唱高调的运动形式,而应坚持着眼当前、放眼未来、不断调整、逐步完善的基本理念;坚持轻重缓急、快慢结合,先试点、后推广的基本策略,坚持借鉴与创新相结合,点线面相协调的具体方案,使体制机制创新成为一种常抓不懈的制度建设,成为一个民族进步的动力。

我们在科技进步方面遇到的问题,有不少实际是体制与机制的不完善所导致的。例如,引进的机器设备可以免税,自行研制的机器设备却必须上税;企业研发资金难以在税前列支,研发人员的激励性薪酬不能进入成本;首次采用新设备和新工艺没有激励措施,风险难以分散;吸引、留住、使用人才的有效措施,受到各方牵制而难以实施,如此等等,其实都是体制机制不完善的问题。

体制机制是创新之关键

增强创新能力,需要持续的体制与机制创新。创新需要持续改善制度供给条件和重构组织体系,目的在加大动力和激励。我们要在构建"政府主导、社会参与"的创新管理体制和建立以企业为主体、市场为导向、产学研相结合的技术创新体系上下工夫,形成有效的创新战略体制与机制。同时，推进有关自主创新的法律建设，切实加大知识产权保护的力度，深化企业改革，培育和完善技术市场和技术中介组织，为建立、健全创新体制与机制，提供微观层面的依据和参考。

在我国现阶段政府主导的现实背景下，创新制度的改革和推进，必须首先将行政部门在科学研究与技术开发中的职能重新定位并尽快转变。国家和政府的基本职能，就是搭建鼓励创新的机制和平台，在基础研究领域，通过建构良好的科研院所体制，保障科研人员的学术自由；在技术开发领域，保护知识产权，激励企业的技术创新。政府在创新体系中的地位与角色的明确，本身就是"创新制度"首先要创新的内容。

改革进入"深水区"的制度创新，既要注重顶层设计和总体规划，也要重视底层设计和具体安排。没有顶层设计，改革就会短期化、碎片化；没有底层设计，改革就会浮萍无根、浮光掠影，流于形式。

不拘一格降人才

科技是第一生产力，如果技术实现了"中国制造"，那么科学将实现"中国创造"。无论是中国制造还是中国创造，无论是深化改革还是创新型国家建设，都依赖于人，依赖于人才。科教兴国作为我国的基本国策，无疑为人才的培养创新了体制，提供了保障。

人才"争夺"烽火连天

放眼全世界，21 世纪各个国家最稀缺的资源是什么？答案是人才。我国虽是个人口大国，但却不是人才强国，人才的培育、使用与管理等方面都面临着许多不足。一方面是人才短缺：据近日普华永道全球 CEO 年度调查表明，中国高达 54%的 CEO 认为人力因素已经成为制约企业有效创新的掣肘，这一比例远远高于全球 31%的平均水平，59%的 CEO 认为招聘工人变得越来越困难。事实上，这一挑战出现在所有部门，最严重短缺的人才是中高层经理。另一方面却是潜在人才的"人满为患"。2007 年全国普通高校毕业生达到 495 万，2008 年为 559 万，2009 年为 610 万，2010 年为 631 万，2011 年超过 660 万。加之外企抢滩登陆，使得人才争夺狼烟四起。这就不得不让我们反思，为什么大学生大量毕业的情况下，人才告急如此严重呢？

首先，我国培养的“人才”，存在一定的问题。我国两千多年的农业文明和封建文化之中，夹杂着一些阻碍自主创新的因子，例如尊奉权威、害怕出头、追求中庸、讲究平均等等，使得教育培养出来的人，千篇一律、没有个性、循规蹈矩、没有创新精神。因此，当前我们要努力构建创新型人才的培养机制，颠覆“记忆力教育、应试教育”的模式，创造“创造力教育、素质教育”的新天地。

其次，人才政策不够完善、体制不灵活、资金不足、人才观念陈旧。受相关规定和政策的约束，人才流动受单位编制、性质、身份等诸多因素的限制，人才流通的渠道受阻，造成部分人才资源的流失与浪费。同时，用于人才培养的资金不足，许多行业的优秀专业技术人才大量外流。致使高级人才奇缺，特别是高层次、创新型、复合型人才严重缺乏。重视人才拥有、轻视人才开发，或只重视使用人才、不重视培养人才等，致使人才创新能力受到极大的限制。

最后，人才流失严重。改革开放三十多年来，我国出国留学生达到136万，回国仅为37万。《中华读书报》曾刊文《“托付”——美国人设置的中国教育成果收割器》，通过各种考试，美国、英国、德国及法国等国家“挖”走了我们的人才。一项调查显示：北大、清华、复旦等一流高校大学生中70%的想出国，想回国的则占不到10%。美国硅谷1/3的企业是由华人创办或管理的，著名的科学院院士王选曾说，美国硅谷集中了一大批中国工程师。人们说，硅谷的公司没有美国人并不稀奇“但没有中国人的高科技公司则是罕见的。”已经出国的，不想回来，而没出国的，也在跃跃欲试。究其原因，恐怕得从我们对人才的待遇、管理等方面进行思考。

由此可见，创新人才培养、使用与管理体制，尤为重要。围绕经济和社会发展对人才的需要，研究制定《人才规划纲要》，初步搭建人才队伍建设总的政策体系框架，对各类人才队伍建设的目标任务，提出具体政策和相关配套措施。设立政府津贴，对有突出贡献的拔尖人才，进行表彰。对人才实施一系列的优惠政策及奖励办法。

我们要深刻认识人才工作在建设创新型国家中的重要地位和作用,全面把握在落实"十一五"规划、建设创新型国家的新形势下人才工作的目标和任务,切实增强以改革的精神推进人才工作体制机制创新的自觉性和坚定性。

——贺国强

在人才战略上要以引进和培养并重。

——倪嘉缵(中国科学院院士、深圳大学生命科学院院长)

狠抓人才政策的落实,狠抓人才服务的细节。

——周裕(香港理工大学机械工程系教授、哈工大深圳研究生院"千人计划"特聘教授)

对引进人才在课题启动经费资助和科研平台建设等方面的支持力度;正所谓引进了名演员,还要搭好台,这样才能让引进来的人才充分发挥作用。

——陈国良(中国科学院院士、深圳大学计算机软件学院院长)

人才培养之策

要提高创新能力,就要想方设法发现人才、培养人才、吸引人才和稳定人才,让人才的创造性得到最大程度的发挥。为此,要解决人才的后顾之忧,为他们充分发挥才能创造宽松的条件。要大力提倡创新教育,培养具有创新精神、能灵活驾驭知识和具备较强社会适应能力的有理想、有责任感、善于与他人合作、对科学和真理有执著追求的,具有终生学习能力、掌握基本生存技能和现代交往工具的、能进行国际交往的新型人才。多管齐下,创新人才体制。

一是坚持自主创新基础设施建设与吸引和凝聚高层次创新人才相结合,积极营造开放、合作的创新氛围,为创新人才充分发挥聪明才智提供用武之地。

二是实施国家高层次自主创新人才培养工程，依托国家科学中心、国家实验室、国家重点实验室、国家工程实验室、国家工程中心等基础设施,吸引、凝聚高水平人才。

三是加强科技设施建设与国家重大科技计划的衔接,以设施建设为条件,以重大科技项目为支撑,加速培养一批代表国家水平的科技创新顶尖人才,造就我国在各学科、各产业技术领域自主创新的领军人物、精锐团队和专业技术人员。

打造创新型国家

回顾历史,中国古人凭借创新精神,孕育了享誉世界的“四大发明”;回溯近代,新民主主义革命的创举,使新中国屹立于世界的东方;回首改革,三十多年的摸索之路,使中国跻身世界大国的行列……

回眸三十多年创新之路

纵观中华五千年文明,其中的每一个璀璨明珠,都源于中华民族的创新精神。站在新世纪的门槛,遥望未来,中华儿女将秉承创新之精神,为中国的和平崛起而奋斗!

2006 年科技大会明确提出,动员全党全社会坚持走中国特色自主创新道路,为建设创新型国家而奋斗,强调走中国特色自主创新道路,核心就是要坚持自主创新、重点跨越、支撑发展、引领未来的指导方针。2007 年新修订的《科技进步法》的最大突破是把建设创新型国家写进法律,包括坚持科学发展观,实施科教兴国战略和人才强国战略;科学技术发展实行自主创新、重点跨越、支撑发展、引领未来的方针;把增强自主创新能力作为科学技术发展的战略基点和调整产业结构、转变经济增长方式的中心环节;坚持体制机制和制度创新等。2010 年,《中共中央关于制定国民经济和社会发展第十二个五年规划的建议》中更是充分体现了打造创新型国家的豪迈情怀。2010 年 6 月 7 日,胡锦涛在中国科学院第十五次院士大会、中国工程院第十次大会开幕时讲,建设创新型国家,加快转变经济发展方式,赢得发展先机和主动权,最根本的是要靠科技的力量,最关键的是要大幅提高自主创新能力。

新世纪,新阶段,我国自主创新基础能力建设面临着发展机遇和竞争挑战并存的形势。一是当今发达国家和新兴工业化国家都将创新能力建设放在极其重要的地位,突出创新能力建设的国家目标,加大投入、完善政策、重点倾斜。二是科学技术迅猛发展,要求各国加强创新能力建设。当前,学科分化与交叉融合加快,科学发现、技术发明以及重大集成创新呈现群体突破态势,这就要求提高自主创新的基础能力建设。三是全球化对我国自主创新基础能力建设带来新的机遇。经济全球化加速了创新要素跨国流动的速度,使我们可以更好地利用全球科技资源促进我国自主创新能力的提升。四是我国所处的发展阶段决定了必须大力加强自主创新基础能力建设。由于多年来粗放式的经济增长和产业结构水平低下,我国经济社会发展长期面临的人口、资源、环境等制约因素已经凸显出来。因此,必须加快创新型国家建设。

目前,我国科技创新能力较弱,根据有关研究报告,2004年我国科技创新能力在49个主要国家(占世界GDP的92%)中位居第24位,处于中等水平。

未来,我国的创新型国家建设,核心就是把增强自主创新能力作为发展科学技术的战略基点,推动科学技术的跨越式发展,把增强自主创新能力作为调整产业结构、转变增长方式的中心环节,激发全民族创新的精神,培养高水平创新人才,形成有利于自主创新的体制机制,大力推进理论创新、制度创新、科技创新,不断巩固和发展中国特色社会主义伟大事业。

打造创新型国家路在何方

*整合政策、创新机制。*继续深化改革,高扬创新精神。对目前现有的国家科技、教育、投资、进出口、政府采购政策、区域发展政策等各方面进行协调、统筹、梳理与完善。特别是在政治体制领域、政府行政管理领域,对改革开放三十多年来的政策进行全面排查,该更新的要更新,该废止的要废止,该调整的要调整,该创制的要创制……建立一个有实效制度

保障的创新环境。

*三位一体、科研创新。*科研体制的改革,不单是科研机构机械地介入企业或转化为企业的一个部门,而是应该根据产业组织的功效,分类重组科研机构,做到产学研有机结合的目标。单独的科研机构缺乏实践的环境,单一的产业部门没有研究的人力资源,纯粹的高校学习又缺乏实践的检验。因此,使高校、科研单位与企业三方密切结合,是进一步推进我国科研体制创新的方向所在。

*科技管理、创新体制。*我国的科技管理体制仍带有计划经济体制的痕迹,突出表现在:重政府支持、轻市场配置,重微观管理、轻战略规划,重项目投入、轻能力建设等方面。深化科技管理体制改革的关键是,加快政府职能的转变,加强重大科技政策的制定,健全科技成果的共享机制,提高政府组织监管能力,变直接管理为间接管理,变"行政——控制"管理为"规范——服务"管理,为市场机制发挥作用提供更大的空间。

*知识为本、制度护航。*全面普及与知识产权有关的各种法律、法规,制定统一、科学的知识产权法,做到有法可依、有法必依;要克服现有法律体系零散、不统一的弊端;要改进和改善知识产权的保护方式,可适当降低专利申请费用和专利年费的标准,降低被保护者的成本。

*相互沟通、协调体制。*国家创新体系并不等同于产学研的简单合作,而是要探索三方面的有机协调,这就需要在制度上建立有助于三方面结合的体制。建立政府和各创新主体的沟通和协调机制,创新产学研之间的协调机制,创新政府与社会之间的合作机制,以最大限度地推进科技创新。

总体而言,建设创新型国家的主要任务集中在:体制机制的创新,政策措施的完善,公共平台的构建,以企业为主体的产学研结合模式的创新,关键技术攻关能力和科技成果产业化能力的提升,区域自主创新能力的探索等方面。

中国改革开放的进程,就是创新的历程。中国人以极大的热情投入改革开放的事业,在推动经济社会发展的各个领域,进行着空前的创新活动,知识创新、科技创新、观念创新、产品创新、管理创新、体制创新、机制创新层出不穷。构建国家创新体系、建设一个创新型国家,已经成为国家目标、民族意志。

登顶众山小

——弘扬时代精神,贡献人类文明

在资本主义前的农业文明时代,中华文明曾经是世界上最先进的文明,中华文明也为世界文明作出了重要贡献。但是,自从人类进入工业文明以后,中华古老文明被新兴工业文明甩到历史的慢车道上,大清王朝的"康乾盛世"只不过是落日辉煌,及至鸦片战争,中华帝国成为西方列强瓜分的对象,在与西方列强交手过招中屡屡败北,沦落为半殖民地半封建社会。辛亥革命推翻帝制,建立民国,从政治上解除了封建枷锁,但中华文明远远落后于西方文明已是不争的事实。

新中国成立以后,中华文明才有了追赶的勇气和能力。通过制度变革,建立起一系列新型的社会主义制度;通过走农业合作化和工业现代化建设道路,初步建立了自己的国民经济体系。

但是,新中国成立后的前三十年,我们是在一系列困难、曲折、挫折中前行的。中国真正走上现代文明之路、进入快速发展时期,是在改革开放政策实施后的三十多年。这三十多年,在改革开放的时代大潮中,中华民族大力弘扬改革创新的时代精神,以世界先进文明为坐标,在借鉴世界先进文明的基础上,加快现代化建设步伐,全面推动中华文明从传统文明向现代文明的转型。

通过三十多年的努力,中国在全面走向现代文明,并在一些领域居于世界领先地位。我们相信,一个快速崛起的中华民族,必将按照党和国家确定的目标,全面建成小康社会,进而全面实现现代化。一个实现华丽转身的中华民族,一个屹立于世界先进文明之列的中华民族,也必将为人类文明作出重大贡献。

加快文明转型

昔日辉煌

在文明的曙光降临之前,人类经历了漫长的黑夜,在经历过蒙昧时代和野蛮时代的长期摸索后,文明时代才被痛苦地分娩出来。根据生产力发展的程度可以将人类历史分为原始社会、农业社会和工业社会三个阶段,与之相适应的人类社会文明也有原始文明,农业文明和现代文明三个基本形态。

长江流域和黄河流域是中华文明的发源地,土壤肥沃的河流冲积平原和三角洲地区孕育了我国古代发达的农业文明。农业文明的发展促进了统一的多民族国家和中华文明的形成。中华文明的形成是以华夏民族的农业文明为主体,与其他各少数民族文明长期不断融合的结果。中华民族是由生活在这片广袤的土地上的许许多多分散孤立的民族,经过接触、混杂、融合,形成一个我中有你、你中有我,而又各具个性的多元统一体。从秦汉的大一统到清朝统治的终结,我们经历了两千多年的封建专制社会,在这漫长的历史长河中,各民族不断实现着融合,奠定了统一的多民族国家和中华文明形成的基础。

农业发展的需要也激发了我国古代劳动人民的创造灵感。很多发明都是古人在从事生产劳动和对天文气候长期观察得出的经验总结和智慧结晶,例如二十四节气的创制就是如此。二十四节气是我国古代订立的一种用来指导农事的补充历法。因为我国古代的政治经济文化重心长期位于中原地区,所以二十四节气主要是以黄河流域的气候为依据创立的。二十四节气反映季节的变化,指导着农事活动,影响着千家万户的衣食住行。

除此之外,我国古代还涌现出众多曾经领先世界的发明创造。我国的“四大发明”——造纸术、指南针、火药和活字印刷术对我国古代政治、经济和社会发展产生了巨大的推动作用,也对世界文明的发展产生了重大影响。马克思在《机械、自然力和科学的运用》中写道:“火药、指南针、印刷术——这是预告资产阶级社会到来的三大发明。火药把骑士阶层炸得粉碎,指南针打开了世界市场并建立了殖民地,而印刷术则变成了新教的工具,总的来说变成了科学复兴的手段,变成创造精神发展必要前提的最强大的杠杆。”

几千年来,我们中华文明积淀了深厚而优秀的传统文化。中华文明在历史上曾一度独领风骚,是一颗耀眼的东方明珠,优秀的文化熠熠生辉并影响着世界。早在隋唐时期,日本等周边国家纷纷向中国派遣使者学习中国文化。

在传统文化中,“仁、义、礼、智、信”这一儒家“五常”是几千年来维系中国人人际关系的伦理道德规范,也构成了中华文明价值体系的核心。近些年来,以儒家文化为核心的传统文化被越来越多的国内外学者重视。孔子还被联合国教科文组织评为“世界十大文化名人”,并高居榜首。1988 年,来自不同国家的几十位诺贝尔奖得主齐聚巴黎发表宣言,认为人类要在 20 世纪生存下去,就必须回首两千五百多年前,去汲取孔子的智慧。在联合国大厅里也写着“己所不欲,勿施于人”的中国格言,这充分说明我国传统文化在整个人类社会发展中的重要地位和深远影响。

沉沦与觉醒

虽然中华民族曾经创造了令世界瞩目的成就,并长期在世界文明中独占鳌头。但随着西方工业文明的到来,中华文明在封建社会末期开始逐渐落伍。相比现代工业文明,以农业为主的生产方式以及在此基础上形成的政治制度和社会文化都明显落后了。在长期的农业社会里,自给自足的自然经济占统治地位,人们的观念具有“重农抑商”的保守性。商品经济长期不发达,即使在封建社会末期出现了商品经济的萌芽,但是也没能得到更进一步的发展。另外政治上高度集权的专制文化也阻碍了文明的进步。

中国人“普天之下,莫非王土”的天下观在强势文明面前几近荒谬可笑。早在乾隆皇帝时期,英国派马噶尔尼来中国商谈通商事宜,马噶尔尼邀请福康安观看他的卫队火器操练方法，福康安却冷冷地说:“看亦可，不看亦可,谅其也没什么希罕”。鸦片战争爆发后,清朝统治集团对敌情的无知达到惊人的地步,道光皇帝还不知道英国在什么地方。他派人审问英俘,竟然提出了“究竟该国地方周围几许?英吉利到回疆有无旱路?”两江总督牛鉴对英国的火轮船开始“疑其系用牛拉”，有人将实情告诉他,他还“疑信未决”,直到亲见“才叹而信之”。

1840年,英国对中国发动了第一次鸦片战争。长期保守封闭的国门最终被外来文明以野蛮的方式打开了。落后的武器装备哪里是现代工业制造的坚船利炮的对手,清王朝一败涂地,并被迫签订了丧权辱国的《南京条约》。自此西方列强就开始了对中华民族长达一个世纪的欺凌。政府割地赔款、丧权辱国,百姓惨遭屠戮、民不聊生。长达一个世纪的历史几乎就定格在苦难的记忆里。苦难使人反思,落后挨打的事实激起了中华民族有志之士救亡图存的热情。

民族受辱,有志之士开眼看世界。在民族危难之际,涌现出一批爱国志士。“苟利国家生死以,岂因祸福避趋之”这句诗体现了爱国志士面对民族危亡时的使命感。林则徐和魏源等人看到了清王朝的落后,主张“师夷长技以制夷”,认为应该学习西方先进技术,来抵御列强的侵略。

屡战屡败,“师夷长技以自强”。第二次鸦片战争后,清王朝统治集团内部的较为开明的官员主张应该学习西方先进生产技术，强兵富国,维护清朝统治。于是就发动了一次以“师夷长技以自强”的洋务运动。但是洋务运动并没有使中华民族摆脱困境。

危机加深,君主立宪求政改。甲午中日战争后,清政府被迫签订《马关条约》,民族危机进一步加深。以康有为、梁启超为代表的政治改良主义者通过光绪皇帝于1898年推行维新变法,意在通过向西方学习,提倡科学文化,改革政治、教育制度,发展农、工、商业等,最后确立君主立宪政体来挽救民族危亡,但是最终改革失败。

王朝腐朽,辛亥革命向共和。随着清王朝的日益腐朽,民族危亡日益加剧,民族资产阶级日益发展,中国于1911年爆发了辛亥革命。这次革命推翻了清朝的专制统治,试图挽救民族危亡,实现民族独立、国家富强。但是辛亥革命也没能使中华民族脱离苦难的边缘,没能实现“三民主义”。

文明进步新曙光

回顾历史,那么多仁人志士为了挽救民族危亡而不断探索甚至牺牲了生命,文明的落后使我们付出了沉重的代价。最后,中国共产党肩负起了这一历史使命,实现了民族独立,并在国家富强的现代化道路上不断前行。

中国人民经历了艰苦的八年抗日战争和三年解放战争, 在中国共产党的带领下实现了民族独立,走上了人民当家做主的社会主义道路。新中国成立初期,久经战火洗礼的祖国大地一片破败之景,可谓是百废待兴。在这种情况下,党的第一代领导集体审时度势,提出现代化建设任务,并把目标分解为几个五年计划来逐步推进。毛泽东在新中国成立前就指出:“中国工人阶级的任务, 不但是为着建立新民主主义的国家而斗争,而且是为着中国的工业化和农业现代化而斗争。”新中国成立初期,还把“实现国家的社会主义工业化”写进过渡时期总路线,作为全党和全国人民的总任务,提出了四个现代化思想,即“工业现代化、农业现代化、科学文化现代化和国防现代化”。在这一时期,我们的社会主义现代化建设取得了辉煌的成就,工业基础逐步完善,逐步形成较为完善的工业体系,为国民经济的发展奠定了基础。新中国建设初期取得的这些成绩来之不易,是社会主义建设初期各条战线工作者发扬爱岗敬业、争创一流、与时俱进的进取精神和艰苦奋斗、勇于创新、不断改进的开拓精神的结果。时传祥、王进喜等一大批社会主义建设事业的优秀劳动者代表留下来的宝贵精神财富值得我们在现代化建设新时期继续秉承和发扬。

虽然新中国的建设取得了很大成绩,但新中国成立后的前三十年的社会主义建设也经历了一系列困难、曲折和挫折甚至是失败。加上国际两极格局的影响,我国的现代化建设走了许多弯路,长期与西方资本主义的现代文明相隔绝。相比世界上的发达国家的现代化水平,我们的差距是在扩大,尤其是在“文革”结束以后,缩小与发达国家的差距,加快推进现代化建设刻不容缓。

春风化雨谱新篇

经历过改革开放初期那种建设、创新、收获、喜悦的人们，一定都很熟悉由著名歌唱家李光曦演唱的《祝酒歌》。这首歌曾在20世纪80年代初期红遍了大江南北，展现了创作者高昂的激情，奏响了催人奋进的时代号角，也是亿万人民在结束“文革”后尽快投入现代化建设的共同祈愿。

在经历十年“文革”浩劫之后，我们迎来了现代化建设的新契机。在以邓小平为核心的党的第二代领导集体的带领下，我们高举改革开放大旗，在社会主义现代化建设新的征程上昂首阔步。

1979年10月，邓小平强调指出："我们要在大幅度提高生产力的同时，改革和完善社会主义的经济制度和政治制度，发展高度的社会主义民主和完备的社会主义法制。我们要在建设高度物质文明的同时，提高全民族的科学文化水平，发展高尚的丰富多彩的文化生活，建设高度的社会主义精神文明。"

党的十三大制定的社会主义初级阶段基本路线，明确了要实现“富强、民主、文明的社会主义现代化”的目标，并且根据当时的中国实际，邓小平提出了现代化的“三步走”构想。改革开放使得我们的现代化建设迎来了新的春天。经济建设取得跨越式发展，还创造了“深圳神话”。人民生活水平稳步提升，摆脱了物资供应短缺的状况。社会主义民主法制逐步完善，巩固了人民的主人翁地位。精神文明建设水平得以提高，文化生活丰富多元。

十五大报告指出："展望下世纪，我们的目标是，第一个十年实现国民生产总值比2000年翻一番，使人民的小康生活更加宽裕，形成比较完善的社会主义市场经济体制；再经过十年的努力，到建党一百年时，使国民经济更加发展，各项制度更加完善；到世纪中叶建国一百年时，基本实现现代化，建成富强民主文明的社会主义国家。"这一目标是对邓小平“三步走”构想的进一步具体化。

以江泽民为核心的党的第三代领导集体，认为中国的现代化不仅包括生产力和生产关系、经济基础和上层建筑等方面的内容和要求，而且还包括要正确处理好经济发展和人口、资源、环境等非社会因素的关系。

在以江泽民同志为核心党的第三代领导集体的带领下,我们继续坚持以经济建设为中心,加大改革力度,加快推进现代化建设,并取得了丰硕成果。逐步确立并完善了社会主义市场经济体制,科技进步日新月异,依法治国观念深入人心,开放化程度进一步提高,国家的综合国力稳步攀升,人民生活水平进一步提高。

进入21世纪以来,随着改革发展实践的进一步深入,新的时代向我们提出了新的问题。什么是发展、靠谁发展、为谁发展和怎样发展等一系列问题亟待解答。以胡锦涛同志为总书记的党中央提出了科学发展观来回答这一系列问题。科学发展观既是“坚持以人为本,树立全面、协调、可持续的发展观,促进经济社会和人的全面发展”,按照“统筹城乡发展、统筹区域发展、统筹经济社会发展、统筹人与自然和谐发展、统筹国内发展和对外开放”的要求推进各项事业的改革和发展的一种方法论,也是中国共产党的重大战略思想,并在中国共产党第十七次全国代表大会上写入了党章,成为我党的指导思想之一。在科学发展观的指导下,我们的现代化发展事业取得了一系列新的突破。

科学发展观促使我们转变发展观念,我们的发展注重的不仅仅是效率,而且更要注重发展质量,要实现经济效益、社会效益和环境保护的统一,要清楚科学发展的真正内涵;科学发展观要求我们转变经济增长方式,大力推进经济增长方式由传统粗放向现代集约转型,走新型工业化道路;科学发展观要求进一步转变经济体制,完善财税金融体制改革,解决城乡二元结构问题,推进社会事业的大力发展,加快社会保障体系完善;科学发展观还要求转变政府职能,打造服务型政府,树立符合现代政治文明的政绩观;科学发展观还要求转变领导干部的工作作风,摒弃主观主义、形式主义和官僚主义作风,坚持党的群众路线,解决好关乎群众切身利益的突出问题。

改革开放以来,我们党始终带领中国人民大胆摸索、突破陈规、勇于创新、锐意进取,走适合我国国情的现代化建设道路,不断加快和推进现代化进程。这一进程中,我们始终贯穿和发扬了改革创新这一伟大时代精神,并不断取得社会主义现代化建设事业的新成就。

借鉴世界文明

十一届三中全会以来,党的工作中心从“以阶级斗争为纲”转移到“以经济建设上来”,开启了我们现代化建设的新时代。改革开放使我们主动敞开国门放眼四海,主动学习世界先进文明,加快我们从传统文明向现代文明转型。

借鉴西方先进生产力

1978 年 10 月,在中国共产党第十一届三中全会召开前夕,为交换《中日和平友好条约》批准书,邓小平同志应邀访问日本。访日期间,邓小平同志参观了日本的钢铁、汽车和电器工厂。他在考察汽车工厂时说:“我懂得了什么是现代化。”在此次访问期间,邓小平同志在回答日本记者有关中国现代化问题时说:“这次到日本来,就是要向日本请教。我们要向一切发达国家请教,向第三世界穷朋友中的好经验请教。世界在突飞猛进地发展,要达到日本、欧美现在的水平就很不容易,达到 22 年后本世纪末的水平就更难。我们清醒地估计了困难,但是树立了雄心壮志,一定要实现现代化。这就要有正确的政策,就是要善于学习,要以现在国际先进的技术、先进的管理方法作为我们发展的起点。首先承认我们的落后,老老实实承认落后,就有希望,再就是善于学习。本着这样的态度、政策、方针,我们是大有希望的。”

可以说这次访日之旅让人们充分领略了他的坦率、务实和开放的风格。这次访日之旅对邓小平的触动是非常大的,他开始了对我国现代化建设事业宏伟蓝图的绘制,坚定了改革开放的决心和向西方先进生产力学习的勇气。正是这种务实、开放的态度,我国的改革开放事业才得以顺利进行,并取得丰硕成果。改革开放初期,党中央国务院批准珠江、汕头、厦门和深圳试办经济特区,1988 年,我国海南省也加入其中。1984 年加快开放步伐,进一步开放了大连、秦皇岛、烟台等 14 个沿海开放城市。随着试点地区取得显著成果,开放的范围也逐步扩大深入。

我们的开放政策吸引了大量外国投资,承接了国外产业转移。外资的引入,不光在一定程度上解决了就业、丰富了商品市场,还带来了先进的生产技术和管理经验，对培植我国的民族企业有重要影响。随着开放步伐的加快，我国与西方发达国家的技术合作越来越多，引进了许多领先世界的生产线。在引进西方技术的同时，我们也不断加快学习和转化吸收，在此基础上实现技术创新。

借鉴世界先进管理经验和文化

文化是一定社会的政治和经济的反映，又给一定社会的政治和经济以影响。中华民族有大量优秀的传统文化，我们在推进现代化转型的同时要继承和发展我们传统文化中的积极因素，摒弃落后腐朽的成分，以适应现代文明的发展。中国特色社会主义文化建设在根植于中华民族传统优秀文化的同时，还要积极借鉴世界优秀文明成果促进我们的文明转型，推动经济政治社会全面发展。

邓小平曾说："改革开放胆子要大一些。看准了的，就大胆地试，大胆地闯。改革开放迈不开步子，不敢闯，说来说去就是怕资本主义的东西多了，走了资本主义道路。""社会主义要赢得与资本主义相比较的优势，就必须大胆吸收和借鉴人类社会创造的一切文明成果，吸收和借鉴当今世界各国包括资本主义发达国家的一切反映现代社会化生产规律的先进经营方式、管理方法。"

发达国家现代化历史比我们要长得多，他们的发展也积累了很多优秀的文明成果。在思想文化方面，如市场经济观念、法治观念、人权观念等能够体现共同人性、共同心理、共同美感、共同道德的共同性的优秀成分，我们可以大胆借鉴为我所用。在秉持社会主义核心价值理念的同时，弘扬改革创新的时代精神，大胆借鉴世界优秀文化成果，使我们的精神文化生活逐渐丰富多元。

借鉴人类优秀政治文明成果

我们结束封建帝制才短短百年，而发达国家在现代政治文明建设上为我国提供了丰富的经验。虽然理论上我国确立了比西方资本主义民主制度更为先进的社会主义制度，但是在我国的政治实践中，我们的政治制度还有很多不足之处，需要在改革中借鉴西方政治文明中的有益成果，进一步改革和完善我们的社会主义政治制度。

改革开放以来，在推进经济建设跨越式发展的同时，也推进了民主政治建设的发展。我们借鉴西方国家官员任期制，结束了干部终身制；借鉴西方选举和监督机制，完善选举和监督制度；借鉴西方文官制，改革干部选拔任用制度，实行国家公务员制度；借鉴西方法治精神，推进我国法制国家建设。

走向现代文明

> “13亿中国人民大踏步赶上了时代潮流，稳定走上了奔向富裕安康的广阔道路，中国特色社会主义充满蓬勃生机，为人类文明进步作出重大贡献的中华民族以前所未有的雄姿巍然屹立在世界东方。”
>
> ——胡锦涛在纪念党的十一届三中全会召开30周年大会上的讲话

三十多年来，我们高举改革旗帜不动摇，坚持实事求是的方针，在改革开放和社会主义现代化建设的伟大实践中弘扬时代精神，在现代化建设上取得令世界瞩目的成就，大步跨入了现代文明国家的行列。

大力推进经济改革

经济上我们大力推进市场化改革，大力改革阻碍生产力发展的与当前经济发展阶段不相适应的经济体制，逐步建立了适合中国国情的中国特色社会主义经济体制，市场经济体制也不断完善并趋向健全。经济总量不断攀升，目前已位居世界第二位，对世界经济的发展具有重大影响力；出现了一大批具有世界先进水平的重大科技创新成果，高新技术产业蓬勃发展，已经成为国民经济的重要组成部分；水利、能源、交通、通信等基础设施建设也取得突破性进展，生态文明建设不断推进，城乡面貌焕然一新。

不断完善政治制度

通过多年的探索，我国的社会主义基本政治制度得以完善和巩固，社会主义民主政治不断发展，政治体制改革不断深化。近年来通过领导干部选拔制度的改革和依法打击腐败力度的加大，官员腐败猖獗势头得到进一步遏制，这不仅保证了执政队伍的纯洁性，也为中国共产党长期执政打下了良好的基础，更好地保障了人民的当家做主地位。在广大法律工作者的辛勤工作下，中国特色社会主义法律体系业已形成，使得行政工作有法可依、有法必依，依法治国得到了有效实施。政治参与的力度在不断加大，保证了更多的有识之士参与到和谐社会的建设中来，为我国的政治制度发展注入了新的活力。

积极发展科技文化

文化方面，在对传统文化进行扬弃之后，结合时代精神，我们逐步建立了丰富多彩、百花齐放的现代文化。以社会主义核心价值体系统领精神文明建设，深入贯彻落实科学发展观，大力推进文化体制改革，进一步促进了文化建设大繁荣大发展。如今我们的文化事业日益兴盛、文化产业繁荣发展，国民素质逐步提高，文化软实力得到了进一步提升。

我国的高端科技也得以迅猛发展，不仅在诸多的领域填补了国内的科技空白，许多技术达到了国际先进水平，一些高端科技也处于国际领先地位。我们的载人航天技术、磁悬浮列车技术的发展水平在世界上都是非常先进的。这些高端科学技术成果的取得不仅反映了我国科学技术的发展水平和取得的成就，更是各条战线的科技工作者弘扬改革创新的时代精神，在自己的岗位上兢兢业业艰苦奋斗的结果。

贡献人类文明

回顾往昔，五千年的中华文明曾经给这个世界留下了如此多的文明成果，推动了世界文明的进步和发展。虽然在西方崛起的时候我们暂时沉沦了，但在历经百年沧桑后的今天，我们中华民族已然从沉睡中醒来，正精神焕发地伴着时代的节奏，喊着改革创新的口号，朝着光明的未来走去。我们还要在时代精神的引领下，在实现现代化的同时，为世界贡献出我们的文明成果，促进世界的永久、和谐、稳定发展。

与发展中国家分享我们的经验

改革开放以来，我国取得的快速发展，的确让世界瞩目。有人把这称为是“中国奇迹”，有人把这归为“中国模式”。不管是叫“中国奇迹”还是“中国模式”，名称本身并不重要，但这足以说明我们的改革开放是成功的，我们走出了一条有中国特色的社会主义现代化道路。我们在国家治理和经济建设方面积累了一定的经验，这对于很多发展中国家有一定的借鉴价值。

社会主义中国现代化建设取得的巨大成就吸引了全世界的目光，许多发展中国家特别是传统社会主义国家纷纷向中国学习改革发展的经验。西班牙《呼声报》2011 年 5 月 29 日的一篇题为《中国输出共产主义模式》文章指出：“巨龙的光辉正在吸引古巴、越南和老挝等闭关自守的国家效仿中国的经济奇迹。”文章认为“中国特色的共产主义已经取代了苏联的旧价值观，所开辟的道路受到了后来者的追捧。短短 30 年内取得的经济腾飞使中国摆脱饥饿，并跃升为世界第二大经济体，不仅使中国共产党保持了执政合法性，也使创造了经济奇迹的这一模式进入其他国家的路线图。”

中国模式的实质，乃是在全球化背景下，中华民族在中国共产党领导下把科学社会主义原则与当代中国国情和时代特征相结合，走出的一条后发国家的现代化之路。这是一条以改革开放和社会主义现代化建设为实践基础的、以中国特色社会主义为奋斗旗帜的、以中国特色社会主义理论体系为指导思想的完全新型的现代化道路。

我们的社会主义市场化改革是成功的。我们从扩大企业自主权到完全确立社会主义市场经济体制的过程是循序渐进的，是具有现实可操作性的。在发挥市场在资源配置中的基础性作用的同时，也适时科学合理地运用政府的宏观调控手段，保证经济有序、健康、快速发展。同时，我们积极融入经济全球化，参与国际竞争，在许多产业领域已成为佼佼者。我们采取有效措施成功抵御了全球经济危机，保持了经济稳定发展。所有这一切都展现了社会主义市场经济的盎然生机和活力。

中国特色的社会主义民主政治是有生命力的。苏联及东欧剧变以后,社会主义与国际共产主义运动陷入低谷。但是在中国共产党的领导下,我们顶住了国际国内压力,积极探索谋求改革,走出一条有中国特色的社会主义建设道路,巩固了人民民主专政,保证了社会政治稳定发展,为经济发展创造了良好的环境。社会建设也取得了长足发展。伴随着改革的深入进行,社会变迁加剧,每个时期都会产生一定的社会问题,改革发展中的问题还需要改革发展来解决。中国共产党对社会发展规律和社会主义建设规律的认识不断深化,逐步把社会事业建设向前推进,促进了社会文明、和谐、公平和正义。

提升文化软实力为世界文明做贡献

"软实力"(Soft Power)的概念是由美国哈佛大学教授小约瑟夫·奈提出来的。约瑟夫·奈指出,一个国家的综合国力既包括由经济、科技、军事实力等表现出来的"硬实力",也包括以文化和意识形态吸引力体现出来的"软实力"。"硬实力和软实力依然重要,但是在信息时代,软实力正变得比以往更为突出。"任何一个国家在提升本国政治、经济、军事等硬实力的同时,提升本国文化软实力也是更为特殊和重要的。

"提高国家文化软实力",这不仅是我国文化建设的一个战略重点,也是我国建设和谐世界战略思想的重要组成部分,更是实现中华民族伟大复兴的重要前提。我们中华民族有着深厚而优秀的传统文化资源,这些优秀思想文化在现代社会发展中有着重要的作用和价值。在弘扬改革创新的时代精神,推进社会主义建设事业发展的同时,要以我们优秀的传统文化为根基,借鉴世界优秀先进文化,形成能够体现时代精神的中国特色社会主义文化。在提升我国文化软实力的同时,为世界文明进步发展贡献力量。

积极参与国际合作和国际援助

在我们取得现代化大发展的同时,世界上还有许多落后的发展中国家的人民生活在水深火热之中，现代文明在世界上的发展极不均衡。像非洲的许多地区如今还延续着非常原始落后的生产生活方式，很多人连最基本的温饱都得不到解决，无数儿童不能享有最基本的教育，大批难民每天面临疾病折磨和死亡的威胁。这些问题都需要依靠文明发展来解决。在取得自身发展的同时我们应继续发扬国际主义和人道主义精神，向落后国家和地区提供一系列力所能及的援助，帮助他们加快发展。

成为反对世界霸权维护正义和平的积极力量

我国高举和平、发展、合作旗帜，坚持奉行独立自主的和平外交政策，坚持走和平发展道路，坚持互利共赢的对外开放战略，既通过争取和平的国际环境来发展自己，又通过自身的发展促进和平。坚持推动世界多极化，倡导国际关系民主化和发展模式多样化，积极倡导多边主义和树立以互信、互利、平等、协作为主要内容的新安全观，反对霸权主义和强权政治，反对一切形式的恐怖主义，推动国际秩序向更加公正合理的方向发展。坚持“相互尊重主权和领土完整、互不侵犯、互不干涉内政、平等互利、和平共处”这一和平共处五项基本原则，在此基础上发展与世界各国的友好合作关系。坚持与邻为善、以邻为伴的方针，加强与周边国家的友好合作关系。

随着改革发展的推进，我国的综合国力大幅提升，国际影响力也越来越大。中国人民从历史经历中深知和平与独立来之不易。中国始终不渝地奉行独立自主的和平外交政策。维护我国的独立和主权，促进世界的和平与发展，是中国外交政策的基本目标。维护世界和平，促进共同发展，是中国对外政策的宗旨。中国是和平共处五项原则的首创国之一和积极的实践者，对人类和平与发展事业作出了重要贡献。随着我国国际影响力的提升，我们在国际事务中发挥了越来越重要的作用。同时，中国是坚决反对霸权主义和建立和平稳定、公正合理的国际政治经济新秩序的积极倡导者，这有利于推进世界和平与发展。

崛起兴中华

——弘扬时代精神,实现民族复兴

中华崛起,曾是多少代人的梦想。近代以来,中华优秀儿女为国家强盛、民族复兴进行了多少拼搏与抗争,留下了多少可歌可泣的英雄事迹。有人为中华崛起而读书,有人为中华崛起而办实业,有人为中华崛起而拿起刀枪,有人为中华崛起而舍生取义,勇赴刑场。

站在改革开放的新时代,放眼历史烟云,我们该怎样想?悲哉?壮哉?还是伟人毛泽东说得好:为有牺牲多壮志,敢教日月换新天。在改革开放的新时代,中华民族大力弘扬改革创新的时代精神,以时不我待、只争朝夕的紧迫感,在党和国家正确政策的引领下,扛起民族复兴的大旗,义无反顾地踏上改革开放、建设发展的伟大征程。中华民族落后挨打的屈辱历史一去不复返了,中国崛起了。

然而,国际社会似乎并没有对中国的崛起做好准备,一些国际反华势力压根就不希望看到中国的崛起。进入21世纪以来,先是各种版本的"中国威胁论"不绝于耳,继而唱衰者有之,捧杀者亦有之。面对如此风浪,中国何以处之?

中华民族是一个勤劳善良、自强不息的民族,厚德载物、自强不息是我们历来的本色。完成现代化建设的任务还很艰巨,赶上世界先进文明、引领世界文明我们还有许多路要走,有许多难题需要克服。当今世界,科技日新月异,新事物层出不穷,国家间综合国力竞争越来越激烈。我们必须要高举改革开放大旗不动摇，弘扬改革创新的时代精神，在新的起点上发起新的征程，奋发图强，勇攀高峰，使民族复兴的大业阔步向前。

中华民族是一个爱好和平的民族，和谐世界、和平崛起，是我们对世界的承诺，也是流淌在我们民族血液中高贵的文化基因。中国崛起将摆脱西方大国“崛起—扩张”的传统老路，秉承“各美其美，美人之美，美美与共，世界大同”的理念，承担构建和谐世界的责任，走和平崛起之路。

光荣与梦想

盛世中华无上荣光

从秦朝到鸦片战争前夕，在长达两千多年的时光里，我们中华民族以强盛的国力始终屹立于世界民族之巅，为世界文明贡献着力量。从秦朝一统天下到汉朝的“武帝盛世”，从隋文帝“开皇之治”到唐朝的“贞观之治”和“开元盛世”，从明朝的永乐时期到清朝的“康乾盛世”等等，这些“盛世之治”像一颗颗夺目的明珠镶嵌在历史的链条上，仿佛向我们诉说着中华民族昔日的繁荣与强大。

马可·波罗在他的《马可·波罗游记》里面向欧洲人详细介绍了他眼中的中国，他以大量的篇章，热情洋溢的语言，记述了中国无穷无尽的财富，巨大的商业城市，四通八达的交通以及华丽的宫殿建筑。从马可·波罗的叙述中，我们可以感受到中国对于他就是个奇异的国度，是个神话。

在看到杭州宽敞的街道、发达的运河交通、石砌的排水沟渠等一系列景象后，马可·波罗在传记中这样描写：“毫无疑问，该城是世界上最优美和高贵的城市。”中国的富庶更是令他赞不绝口。都会里市廛栉比，乡间市镇无数，人口众多。游记中还介绍了当时我国发达的天文观测技术和历法等。马可·波罗对政治、经济、社会、文化等多个领域和多个地区的介绍，说明了当时中国普遍繁荣之象，尽管他对中国的很多描述可能存在夸张或不实的成分，但是也足已说明当时中国的先进和强盛。

马可·波罗来到中国时正值元朝，当时我国的封建王朝已发展一千多年。站在这个历史节点上回首望去，最能够使我们引以为荣的应该是整个封建社会发展的鼎盛时代——大唐盛世。这一时期是中国古代历史上最为光辉灿烂的时期,唐朝著名大诗人杜甫在诗歌《忆昔》中描绘了开元盛世景象:忆昔开元全盛日,小邑犹藏万家室。稻米流脂粟米白,公私仓廪俱丰实。九州道路无豺虎,远行不劳吉日出。齐纨鲁缟车班班,男耕女桑不相失。从诗歌中可以一窥“开元盛世”的富足和兴盛景象。唐朝文化对世界的影响深远,直到今天海外华人还被称为“唐人”。

就在马可·波罗游历中国百年后,郑和率领规模庞大的船队浩浩荡荡驶向西洋,完成了世界航海事业的壮举。郑和先后七次下西洋,访问了西太平洋和印度洋的众多国家和地区,最远到达了非洲红海岸。郑和下西洋显示了明朝强大的国力,对外宣扬了国威,加强了对外联系,但也是古代中国具有世界性影响的最后一次绝唱。

民族危亡慷慨悲歌

在首都天安门广场中心,庄严宏伟的人民英雄纪念碑巍然屹立。纪念碑碑身正面是由毛泽东同志题词的“人民英雄永垂不朽”八个鎏金大字。台座之上的下层须弥座束腰部四面镶嵌着八幅巨大的汉白玉浮雕,分别展现的主题为:“虎门销烟”“金田起义”“武昌起义”“五四运动”“五卅运动”“南昌起义”“抗日游击战争”“胜利渡长江”。这些浮雕形象生动地展示了近代百年中华儿女反帝反封建的伟大革命斗争史实。从鸦片战争到新中国成立,这一百多年,是我们中华儿女为挽救民族危亡谋求国家独立而顽强抗争浴血奋战的百年。天下兴亡,匹夫有责。这是每一个有着国家责任感和道德良知的中国人的肺腑之声。在民族危亡的时刻,中华儿女向来不乏有志之士,他们为挽救国家危亡纷纷行动起来。屈辱百年,中华儿女始终没有忘记自己肩负的使命——实现中华崛起。正是这强烈的使命感,让无数仁人志士用他们可歌可泣的感人故事,谱写了长达一个多世纪的光荣抗争史。

*反列强斗争。*1839 年 6 月 3 日,林则徐下令在广东虎门海滩当众销毁从英国商贩那里收缴来的鸦片,销烟运动一直持续到 6 月 25 日,历时 23 天。这场禁烟运动发起之前,中华民族面临的危机形势就已经异常严峻了。欧洲工业国家为了打开中国市场,采取了卑劣的贸易手段——鸦片贸易。大量的鸦片流入,不仅使国家财富不断外流,还极大地危害了百姓的身体健康,削弱了士兵斗志。面对这一形势,禁烟斗争势在必行。“若

鸦片一日未绝，本大臣一日不回，誓与此事相始终，断无中止之理。”林则徐以此表明了禁烟的坚决态度。林则徐领导的这场禁烟运动，维护了中华民族的尊严和利益，他不愧为中华民族的伟大英雄。“虎门销烟”是中国近代史上反对帝国主义的一大壮举，反映了中华儿女反抗外来侵略的坚定决心。

然而，虎门销烟却成了西方列强用武力打开中国国门的借口。从鸦片战争开始，我国沦为了半封建半殖民地社会，国家主权也随着后来列强的不断入侵逐步丧失。伴随着这一过程我们付出了太多血和泪，直到抗日战争胜利，我们中华民族才洗刷了这一对外战争屡战屡败的屈辱。

“起来，不愿做奴隶的人们，把我们的血肉筑成我们新的长城！中华民族到了最危险的时候，每个人被迫着发出最后的吼声。起来！起来！起来！我们万众一心，冒着敌人的炮火，前进！冒着敌人的炮火，前进！前进！前进、进！”这首《义勇军进行曲》在民族危亡的紧急时刻发出了奋勇抗敌的呐喊。二战期间，日本大举侵华，在中华大地到处烧杀抢掠，对中华民族犯下了滔天罪行。但是我们中华民族并没有屈服，而是与敌人展开了长达八年的艰苦斗争，最终取得全面胜利。在这场战争中，我们中华儿女表现了自强不息、不怕牺牲的大无畏精神，为近代以来中华民族对外抗争史记下了辉煌的一笔。

谋政治变革。“望门投宿思张俭，忍死须臾待杜根。我自横刀向天笑，去留肝胆两昆仑。”这是谭嗣同在狱中所作的一首诗。谭嗣同临危不惧，不怕牺牲的伟大精神品质令人无比敬佩。鸦片战争后，中国不断沦落，民族危机日益加深，中体西用的洋务运动并没有使国家自强。以康、梁为首的维新派，开展了清王朝的政治制度变革。虽然变法失败，但在这场运动中，“戊戌六君子”的慷慨悲壮之举给后人留下了永不磨灭的印象。为了谋求政治变革，挽救民族危机，早已把生死置之度外的谭嗣同，临刑前还留下了掷地有声的警句名言：“各国变法，无不从流血而成，今中国未闻有因变法而流血者，此之所以不昌者也；有之，请自嗣同始！”戊戌变法失败，维新志士谭嗣同、康广仁、林旭、杨深秀、杨锐、刘光第六人于 1898 年 9 月 28 日光荣喋血菜市口。

民族危机日益加深，清政府统治集团却日益腐朽没落，已没有任何能力来挽救民族危亡。在这种形势之下，资产阶级革命派发起了一系列旨在推翻清朝君主专制的的革命运动，著名的“黄花岗起义”就是其中有重要意义的一次。1911 年 4 月 27 日下午 5 时 30 分，以黄兴为首的 120 余名敢死队员，向两广总督署发动了同盟会的第十次武装起义——广州起义。一场惊心动魄的血战之后，至少有 86 位烈士喋血街头。这次起义虽以失败告终，但却具有重要的历史意义和精神价值。孙中山先生为之赞曰：“是役也，碧血横飞，浩气四塞，草木为之含悲，风云因而变色，全国久蛰之人心，乃大兴奋，怨愤所积，如怒涛排壑，不可遏抑，不半载而武昌革命之大革命所成，则斯役之价值，直可惊天地，泣鬼神，与武昌革命之役并寿。”一百年来，黄花岗起义先烈的精神激励着一代又一代中华儿女，为祖国统一、为自由民主而奋斗。

以实业救国

自近代中华民族沦为半殖民地半封建社会以来，面对国家的衰落，许多有识之士主张兴办实业来挽救民族危亡。

清廷洋务派发起的洋务运动主张“师夷长技以自强”。郑观应兴办实业，提倡“商战”，他认为发展商业能够富国，富国就能御侮，从而达到救国的目的。张之洞虽然主张“旧学为体，新学为用”，但认为发展实业可以强国强民。他积极地创办铁厂、兵工厂，并筹办铁路。中日甲午战争后，民族危机进一步加深，民族资产阶级和爱国人士纷纷设厂救国。著名实业家张謇创办纱厂、面粉厂等企业，还兴办学校，希望实现以实业所得来资助教育，用教育来改进实业，凭实业发展而救国的目标。他认为，实业和教育是国家“富强之大本”。辛亥革命时期，报刊竞相宣传“实业救国”，并提出国家振兴实业“要道”五条：改良各种行政机关、调整和统一度量货币、疏通货物流通渠道、收集才智之民归实业界、制定特别保护奖励法规；提出要扩大出口贸易、实行关税保护政策等具体办法。1912 年，革命先行者孙中山被迫辞去临时大总统职务，但是他仍充满自信地认为：“在我们面前，尚有大量的工作必须完成，使中国能以强国的身份与列强并驾齐驱。”因此，孙中山很快致力于比政治紧要的“民生主义”实业事业。在五四运动前后，民族资本家大力提倡国货，抵制外国的经济掠夺，维护民族利益。他们的共同口号是：“振兴实业，挽回权利。”哲学家张东荪认为，中国既然有贫乏病，那么开发实业就成为唯一的要求，在开发实业的潮流之下，资本主义、机器生产与日俱增，形成不可抗拒的历史趋势，要救中国只有一条路，就是要增强国力，要增强国力就必须开发实业。

唤民族觉醒

在一次修身课上，魏校长向同学们提出了一个问题："请问诸生为什么读书？"

同学们踊跃回答，有的说："为做官而读书。"也有的说："为挣钱而读书。""为明理而读书"……周恩来一直静静地坐在那里，没有抢着发言。魏校长注意到了，打手势让大家静下来，点名让他回答。周恩来站了起来，清晰而坚定地回答："为中华之崛起而读书！"

魏校长听了为之一振！他怎么也没想到，一个十二三岁的孩子，竟有如此的抱负和胸怀！他睁大眼睛又追问了一句："你再说一遍，为什么而读书？"

"为中华之崛起而读书！"周恩来铿锵有力的话语，博得了魏校长的喝彩："好啊！为中华之崛起！有志者当效周生啊！"

是的，少年周恩来在那时就已经认识到，中国人要想不受帝国主义的欺凌，就要振兴中华。读书，就要以此为目标。国难当头，实现中华崛起民族复兴，应该是每一个优秀中华儿女的梦想。鸦片战争后，林则徐、魏源等有志之士感受到民族危机而开眼看世界，他们揭开了中国近代探索救国真理的序幕。随着民族危机的加深，中华民族遭受的屈辱唤醒了越来越多的爱国志士。从维新变法、辛亥革命到五四运动，随着民族危机加深，救亡图存的爱国意识逐渐深入人心，为了实现国家独立，参与变革或革命的人越来越广泛。1919 年 5 月 4 日爆发的五四运动，就是一次彻底的反对帝国主义、封建主义的群众广泛参与的爱国运动。这场运动进一步唤起了民族觉醒，青年学生、工人、工商界人士等来自各阶层的爱国群众，都纷纷参与到这场伟大的爱国运动中来。

只有每个中国人不忘国耻，心怀"崛起中华"这一光荣使命，我们中华民族必将觉醒，必将走向国富民强的康庄大道，实现中华民族的伟大复兴。

新起点新征程

在中国共产党的领导下,中华民族实现了民族独立,走上了社会主义道路。特别是改革开放以来,中国共产党及时扭转了时局,使我国社会主义各项建设事业步入正轨。中华儿女在中国共产党的带领下,弘扬改革创新的时代精神,在各条战线兢兢业业、锐意进取、奋勇争先,才使我国以惊人的发展速度强大起来,取得了改革开放和社会主义现代化建设的辉煌成就,创造了举世瞩目的发展奇迹。

咱们工人有力量

改革开放以来,我国涌现出一大批优秀的产业工人。他们带着一种不甘落后、奋勇争先、追求进步的责任感和使命感,在本职工作岗位上兢兢业业、不怕吃苦、刻苦钻研,为祖国现代化建设贡献着力量,展现了新时期产业工人的时代风貌。全国"五一"劳动奖章获得者许振超就是其中的一位杰出代表。现任明港集装箱公司技术部固机部经理的许振超,曾是"文革"时期毕业的"老三届"。因受教育少,年龄又偏大,很多人成为下岗再就业的"特困户"。但许振超不但没有下岗,还成了世界一流的技术专家,在合资公司里再担重任,连外国合资方都佩服他。许振超能够紧跟时代,不"下岗"的法宝在于——学习。他在日记中写道"悟性在脚下,路由自己找。"也许正是凭着这种刻苦钻研学习的精神,让许振超有了那么多技术创造发明——"无声响操作""一钩准""一钩净""二次停钩"和"无故障运行"等。正是他的艰辛付出与努力,才赢得了扬名国际航运界的"振超效率"这一美誉。

在希望的田野上

"我们的家乡在希望的田野上,炊烟在新建的住房上飘荡,小河在美丽的村庄旁流淌。一片冬麦,一片高粱,十里(哟)荷塘,十里果香……"这首歌为我们描述了改革开放后,我国农村地区农民辛勤耕耘,农业一片丰收的大好景象。改革开放以来,我国在农村实行了家庭联产承包责任制,极大地解放了农村生产力,也激发了广大农民的建设热情,促进我国农业生产连年丰收,促进了新农村建设。

随着一系列惠农政策的落实,农民致富的途径逐渐多元化。有人选择进城务工,有人兴办乡镇企业,他们都为我国的国家建设和中华崛起贡献着力量。如今,城市建设如日中天,高耸入云的高楼大厦随处可见,这些辉煌的背后不知凝结了多少农民兄弟的汗水。农民工以其最本色的品质弘扬着我们的时代精神,为我们的社会主义建设事业默默无闻地奉献着艰辛,推动了城市化的发展。可以说,农民工这个群体是我们社会主义建设事业的脊梁。

改革开放以来,乡镇企业如雨后春笋在广大农村地区蓬勃发展起来。乡镇企业在改革创新的时代精神指引下,率先在农村开展多种经营,发展非农产业;转移农民就业,率先为农民提供工资性收入;突破就地取材、就地生产和就地销售的限制,率先完全进入市场,为我国建立社会主义市场经济体制进行了有益的实践与探索,也为国有企业的改革积累了经验。如今的乡镇企业坚持以科技为引领,越来越重视技术创新、设备更新、科技投入,重视管理的制度化和科学化,采用技术领先的发展战略,带来了高质量、高速度和高效益的良性循环;乡镇企业始终坚持以"三农"为根本,立足于解决农民的就地就近就业问题,为社会主义新农村建设作出了重要贡献。

知识分子有担当

每年一度的国家科学技术奖励大会都会在人民大会堂如期召开,以奖励为我国的科技事业作出突出贡献的个人或单位团体。其中,每年不超过两名的国家最高科技奖,是中国科技界的最高荣誉。从2000年设立此奖项到今天为止,一共产生了20多位获奖者。他们都是我们科技战线上作出突出贡献的专家学者,也向世界展示了我国科技建设的辉煌成就。

"科学技术是第一生产力"是被我们的发展实践所印证了的真理。科学技术能够极大地促进整个社会的劳动生产率的提高,也是经济发展的决定因素。科技的发展进步离不开广大知识分子的辛勤工作。但在改革开放之前的"文化大革命"期间,文化、教育领域成为"重灾区",遭到很大冲击,"知识越多越反动""知识分子是臭老九"等极"左"观点盛行。1977

年5月24日，邓小平指出："一定要在党内造成一种空气：尊重知识，尊重人才。""从事脑力劳动的人也是劳动者"。在邓小平的推动下，高等学校招生统一考试制度正式恢复，科技、文艺领域相继拨乱反正，知识分子在社会上的地位日益上升，成为现代化建设的重要力量。"尊重知识、尊重人才"也成了新时期党的知识分子政策表述的代表性口号。正是新时期的改革开放为广大知识分子开辟了充分发挥才能的广阔天地，党和国家越来越重视知识对社会主义现代化建设的重要作用。正是在这一时代精神的感召下，知识分子和科技工作者满怀激情，勇于探索、大胆创新、为祖国的科技文化建设作出了重大贡献。

军歌嘹亮向太阳

人民军队是保卫祖国的钢铁长城，也是社会主义现代化建设重要力量。从改革开放至今，我国的军队建设取得了长足发展。在新时期，全军后勤发扬艰苦奋斗、勤俭建军优良传统，弘扬了改革创新的时代精神，忠实履行时代使命，积极谋求科学发展，基本实现三军分散保障向一体化保障转变，自我保障向依托社会保障转变，人力密集型向科技密集型转变，后勤建设、改革、发展取得了历史性突破，正在阔步迈向全面建设现代后勤的新阶段，为加强我军现代化建设、做好军事斗争准备提供了强有力的保障。祖国和人民哪里有需要，哪里就有人民解放军战士的坚强臂膀。从汶川地震灾区、玉树抗震现场到泥石流灾难发生地舟曲……这些最危险的地方都留下了人民解放军的光辉身影。在60周年国庆阅兵典礼上，当我们的战士方队迈着矫健的步伐走过主席台时，我们感到无比骄傲和自豪，是他们用血和汗践行了光荣的时代使命，为祖国和人民交上了满意答卷。

其实，不光我们的工人、农民、知识分子和士兵，还包括很多优秀民营企业家和各界爱国人士，也都在我们时代精神的感召下，为祖国的社会主义建设发挥着自己的光和热。

中华儿女当自强

改革开放三十多年来，我国的现代化建设取得了令世人瞩目的成就，综合国力大幅提高，人民的生活水平大幅提高，我国的国际影响力越来越大。但是伴随着我国的快速崛起，各种议论之声却不绝于耳，“中国模式”“中国威胁论”褒贬之声，此起彼伏。“中国威胁论”曾一度破坏了我国的周边外交环境，使中国在国际上不断遭受无端非议。面对来自国际上的各种声浪，进入改革关键时期的我们应当何去何从？三十多年的发展经验和成就告诉我们，我们已经走出了一条既符合我国国情又能给人民带来福祉的中国特色的社会主义发展道路，中华儿女有信心和勇气，把祖国的复兴大业沿着这条道路向未来的远方拓展。只要我们继续发扬改革创新的时代精神奋发图强，就能排除发展进程中的一切干扰，顺利推进我们的现代化建设事业。

自强不息，厚德载物

我国是一个有着五千年辉煌历史、在世界发展史上曾长期占据领先地位的文明古国和礼仪之邦。中华儿女几千年的生生不息，铸就和传承了伟大不朽的民族精神。中华儿女向来不缺乏大度的胸怀和仁厚的品质，在困难面前也始终能表现出自强不息、不屈不挠的精神，最终能够排除万险。我们正是继承和发扬了自强不息的精神，才在经过长达一个世纪的抗争后取得了民族独立。我们深知落后就要挨打的道理，切肤之痛让我们对和平的理解也更加深刻，从历史来看我们中华民族也没有好战称霸的民族主义传统。而今作为世界上最大的社会主义国家，终于找到了民族复兴的道路，并不断加快了国家和平崛起的步伐。面对当今对我国发展的议论之声，我们要保持清醒的头脑。作为后发国家，我们现代化发展的道路还很漫长，发展中的矛盾也在所难免，但我们的崛起将有利于世界的和平。在改革发展的关键时刻，我们还要继续弘扬改革创新的时代精神，自强不息，排除干扰，在建设有中国特色社会主义事业道路上大步前进，并努力成为世界上重要的和平力量。

解放思想，激流勇进

党的十七大报告指出：“解放思想是发展中国特色社会主义的一大法宝”。认真学习和深刻领会这一重要论述，牢牢把握解放思想这一大法宝，对于开创中国特色社会主义事业新局面、实现全面建设小康社会宏伟目标具有重要意义。所谓“法宝”,是指能够从根本上解决问题、克敌制胜的武器。在我们党的历史上,被毛泽东同志正式称为“大法宝”的有三个:党的建设、武装斗争和统一战线。如今,党的十七大报告把解放思想称做“一大法宝”,充分说明我们党对解放思想的高度重视,充分说明当前继续解放思想的重要性和紧迫性。

解放思想是指在马克思主义指导下打破习惯势力和主观偏见的束缚,研究新情况,解决新问题使思想和实际相符合使主观和客观相符合,就是实事求是。弘扬以改革创新为核心的时代精神,必须继续解放思想。改革开放以来,我们在实践上的每一个重大发展、理论上的每一个重大突破、工作上的每一个重大进步,都是不断解放思想的结果。十一届三中全会以来,我国改革开放与现代化建设事业已走过三十多年的历程。每一次改革的深入推进,都是在思想解放的前提下展开的,每一次思想大解放都起到拨乱反正的作用,都成为我国改革开放中具有里程碑意义的事件。可以说,思想解放是我们改革事业永恒的前奏,对我们眼下正在进行的新一轮改革定会大有裨益。

如今,我国的改革事业到了攻坚阶段,必然会遇到更多瓶颈更多困难。国际环境日新月异,全球化趋势加快,国际竞争压力很大,同时国内社会矛盾也会不断凸显。面对诸多挑战,困难很多,但是机遇也很多,这些困难都需要我们通过深化改革来解决,机遇都需要我们在改革中把握。

在新的历史征程上,我们将继续弘扬时代精神,把改革深入推进,大胆创新,解放思想。我们既要清醒认识我国的基本国情,也要清楚了解世情,还要把握“舆情”,找到我们的发展差距进而努力追赶。不能因噎废食、故步自封、不思进取,甚至开历史倒车。我们的发展事业起步就比发达国家晚很多,更加经不起折腾。这就需要我们以科学发展观来统筹我们的现代化事业,只争朝夕、锐意进取、勇往直前。

千里之行,始于足下

“千里之行,始于足下。”弘扬改革创新的时代精神不能仅停留在口头上, 需要把这种精神转化为能促进我国建设事业具体实践的动力,弘扬时代精神,要紧紧围绕改革开放和社会主义现代化建设来展开。

在具体的改革实践中，我们弘扬时代精神，不断破除不适应时代要求的体制障碍，加快推进各个领域的改革和体制机制创新，以消除发展中的矛盾。例如，当前我国中小企业融资难的问题一直很突出，充分说明我国的融资机制和法律配套措施不到位，因此产生了像“吴英案”这样具有很大争议的典型案例。为了解决这一难题，国务院于 2012 年 3 月 28 日决定设立温州市金融综合改革试验区，批准实施《浙江省温州市金融综合改革试验区总体方案》，引导民间融资规范发展，提升金融服务实体经济能力，为全国金融改革提供经验。

在发展实践中，弘扬时代精神就要求我们要贯彻落实科学发展观，不断探求发展规律，革新发展理念，拥有创新意识，走出一条能够更好地实现经济效益、社会效益和生态保护有机统一的发展之路。

在创新实践中，我们要敢为人先，勇于超越，让全社会的创造活力竞相迸发，创新人才脱颖而出，创新成果不断涌现。只有这样我们才能够成为名副其实的创新型国家，从而实现从“中国制造”到“中国创造”的转变。

和谐世界和平崛起

回顾人类文明史，我们会发现始于西方的工业文明，其发展历程并不像“文明”那个字眼那么光彩。自新航路开辟以来，西方国家出于商品经济发展对货币以及资本的原始积累的需要，开始了长达几个世纪的对外殖民扩张。殖民者对亚洲、美洲和非洲地区的人民犯下了残酷血腥的罪恶，如：臭名昭著的“黑奴贸易”、对印第安人惨绝人寰的屠杀和驱赶、对亚洲国家的毒品贸易和侵略战争等等。西方国家正是通过这种极不人道的方式开始了他们的“文明”之旅的，他们的行为给其他国家的人民留下了不能磨灭的血泪记忆。

长期坚持和平发展

作为后发国家的中国，虽然我们现代化发展起步很晚，但是我们始终走和平发展的道路。我国政府和国家领导人多次向世界表明我国和平发展的明确立场。2011 年 9 月，中国国务院新闻办发表《中国的和平发展》白皮书，再次向世界表明中国谋求和平发展的立场和信念，并将和平发展上升为国家意志。白皮书指出，只有和平才能实现人民安居乐业，只有发展才能实现人民丰衣足食。中国“绝不搞侵略扩张，永远不争霸、不称霸，始终是维护世界和地区和平稳定的坚定力量”。“和谐世界”将是作为负责任大国的庄严承诺。

积极担当国际义务

我国和平发展的愿望与主张正以实际行动向全世界人民宣誓。随着我国国际地位的提升，我国越来越多地参与到国际和平事务中，担负起一个大国应有的国际义务。中国作为一个负责任的大国，在维护地区和世界和平中扮演着积极的角色。目前，中国已累计向30项联合国维和行动派出约2.1万人次，是安理会常任理事国中派出维和人员最多的国家；在朝鲜、伊朗核问题上坚持劝和促谈，支持阿富汗重建，努力促使周边热点问题降温；向非洲发生严重饥荒的国家提供紧急粮援；尊重和支持西亚北非国家自主处理内部事务。

“各美其美，美人之美，美美与共，世界大同”，这是著名的社会学家、人类学家和社会活动家费孝通老先生在80寿辰聚会上，曾经意味深长地讲到的16字箴言。这句箴言是说：人们要懂得各自欣赏自己创造的美，还要包容、欣赏别人创造的美，那么我们就会拥有一个大同世界、一个和谐世界、一个“美”的世界了。

“文明多样性是人类社会的基本特征，也是人类文明进步的重要动力。在人类历史上，各种文明都以自己的方式为人类文明进步作出了积极贡献。存在差异，各种文明才能相互借鉴、共同提高；强求一律，只会导致人类文明失去动力、僵化衰落。各种文明有历史长短之分，无高低优劣之别。历史文化、社会制度和发展模式的差异不应成为各国交流的障碍，更不应成为相互对抗的理由。

我们应该尊重各国自主选择社会制度和发展道路的权利，相互借鉴而不是刻意排斥，取长补短而不是定于一尊，推动各国根据本国国情实现振兴和发展；应该加强不同文明的对话和交流，在竞争比较中取长补短，在求同存异中共同发展，努力消除相互的疑虑和隔阂，使人类更加和睦，让世界更加丰富多彩；应该以平等开放的精神，维护文明的多样性，促进国际关系民主化，协力构建各种文明兼容并蓄的和谐世界。”

——胡锦涛在联合国成立60周年首脑会议上的讲话

爱好和平是我们中华民族的文化传统。我们在2008年成功举办了一次世界盛会——北京奥运会。奥运会口号“同一个世界，同一个梦想”，文简意深，既是中国的，也是世界的。口号表达了中国人民与世界各国人民共有美好家园，同享文明成果，携手共创未来的崇高理想；表达了一个拥有五千年文明，正在大步走向现代化的伟大民族致力于和平发展，社会和谐，人民幸福的坚定信念；表达了十三亿中国人民为建立一个和平而更美好的世界做贡献的心声。

爱好和平、和谐世界、和平崛起是我国对世界的庄严承诺。我们相信在今后的改革开放过程中，我们始终会秉承这一承诺，为人类的和平正义事业作出我们应有的贡献。

后记

特定的时代会形成特定的时代精神。时代精神是一个时代的人们在文明创建活动中体现出来的精神风貌和优良品格,是激励一个民族奋发图强、振兴祖国的强大精神动力。勤劳伟大的中华民族,除了在历史长河中形成感天动地的民族精神外,还顺应不同历史时代的特点和发展趋势,提升出伟大的时代精神。

近三十多年来,中国人民始终高举改革开放的大旗,用改革开放推动各项事业的发展,在政治、经济、社会、文化各领域都取得了辉煌的成就。可以说,没有改革开放,就没有中华民族今天的辉煌,中华民族也会失去未来,中华民族的伟大复兴与和平崛起也就会落空。伟大的时代铸就伟大的时代精神,改革开放的伟大时代铸就了以改革创新为核心的时代精神,这一时代精神构成我国社会主义核心价值体系的一项基本内容。

本书作为《社会主义核心价值体系通俗系列读本》之一,结合改革开放的伟大实践,用简洁明了的语言,阐述了时代精神的形成背景、价值内涵、辉煌成就,列举了时代精神的典范,提出我们要继续弘扬和践行以改革创新为核心的时代精神,才能推动改革开放事业不断发展,才能建设创新型国家,中华民族才能为人类文明作出更大贡献,也才能实现中华民族的伟大复兴。

社会主义核心价值体系重在建设、重在宣传、重在学习、重在践行。本书是国家社科基金重点项目“社会主义价值与社会主义核心价值体系的内在关联研究”(项目批准号:12AKS005)和兰州大学中央高校基本科研业务费专项资金项目“社会核心价值体系与文化软实力发展研究”(项目批准号:11LZUJBWZJ002)的阶段性研究成果。

本书编写组全体成员多次集中讨论,确定了本书的基本内容、主要范围和编写风格,最终形成这一项集体劳动成果。主编丁志刚教授主持讨论并确定了本书的编写大纲和内容框架,指导了本书的具体撰写和修订过程,并对全书进行统一审稿和定稿工作。董洪乐、王树亮、朱蕤杰、高鹏飞、徐学文、张文佳分别参与了编写工作,并参加了全书的资料整理、图片收集等具体工作。

丛书编写委员会多次召开全体会议,讨论和研究丛书编写事宜,并对本书的编写提出了许多建设性的意见和建议,兰州大学出版社社长崔明在本书编写过程中给予了重点关注和精心指导。

在编写过程中,本书参考了大量已有的珍贵研究成果和资料文献,限于内容结构和编写形式,不能一一列明,在此谨向本书借鉴和参考的各类著作和文章的作者们一并表示感谢!

由于本书写作时间仓促,加之笔者研究水平有限,书中难免有不妥之处,恳请读者批评指正。

本书编写组

二〇一二年十月于兰州大学